Sébastien Bohler

Sébastien Bohler est un ancien élève de l'École polytechnique et docteur en neurosciences. Il est journaliste, chroniqueur, conférencier et écrivain. Rédacteur en chef de la revue *Cerveau & Psycho*, il fut également chroniqueur sur France Inter (« La Tête au carré ») et sur Arte (« 28 minutes »). Auteur de plusieurs ouvrages dont *Neuroland* (Robert Laffont, 2015 ; Pocket, 2017), *L'Homme qui haïssait le bien* (Robert Laffont, 2017), *Le Bug humain* (Robert Laffont, 2019 ; Pocket, 2020) et *Où est le sens ?* (Robert Laffont, 2020 ; Pocket, 2021), il apporte sur la question du devenir de notre humanité un éclairage aussi déstabilisant que nécessaire. *Création* a paru en 2021 chez Bouquins, et son dernier livre, *Human Psycho*, est publié aux éditions Bouquins en 2022 et repris en 2023 chez Pocket.

ÉVOLUTION

Des livres pour vous faciliter la vie !

Valentin SPITZ
Et si vous arrêtiez de vouloir être un parent parfait ?

Thich NHAT HAHN
Voir en pleine conscience

Thich NHAT HAHN
Combattre en pleine conscience

W. Thomas BOYCE
L'Enfant orchidée et l'Enfant pissenlit

Lise BOURBEAU
La Guérison des 5 blessures

Marie KONDO
La Magie du rangement au travail

Fabrice MIDAL
3 minutes de philosophie pour redevenir humain

Mathieu BRÉGÉGERE
Nos ados : et si la méditation était la solution ?

Alexandre MARS
Ose !

Ali REBEIHI et Christilla PELLÉ-DOUËL
La Puissance des liens

Bessel A. VAN DER KOLK
Le corps n'oublie rien

Le Bug humain

ÉGALEMENT CHEZ POCKET

LE BUG HUMAIN
OÙ EST LE SENS ?
HUMAN PSYCHO

Dans la collection Thriller/Policier

NEUROLAND

Sébastien Bohler

Le Bug humain

Pourquoi notre cerveau nous pousse à détruire la planète et comment l'en empêcher

Robert Laffont

ISBN : 978-2-266-30624-9

Dépôt légal : septembre 2020

Première partie

DANS LA BOÎTE NOIRE DU CERVEAU

Nous sommes peut-être la dernière génération qui vivra dans l'opulence, la santé et la consommation sans frein. Dans trente ans, le monde n'aura plus rien à voir avec ce que nous voyons aujourd'hui. Année après année, les températures montent, les océans aussi, des milliers d'hectares de terres se transforment en désert et des millions de personnes se préparent à quitter leurs foyers pour migrer. De tout cela, nous sommes responsables.

Pour la première fois de son histoire, l'enjeu pour l'humanité va être de se survivre à elle-même. Non plus à des prédateurs, à la faim ou aux maladies, mais à elle-même. Elle n'y est pas préparée. Devant ce défi suprême, elle ne répond que par des incohérences. La preuve : pourquoi, alors que nous sommes dotés d'outils extrêmement précis qui nous informent clairement de la tournure que vont prendre les événements dans quelques décennies, restons-nous impassibles ? Pourquoi, face à la catastrophe, continuons-nous à agir comme par le passé ? Qu'est-ce qui, en nous, est si dysfonctionnel ?

Pour répondre à cette question, je me suis penché sur la part la plus intime et la moins visible de ce qui fait notre humanité. Ce qui nous échappe, blotti au fond de notre boîte crânienne, si obscur et si caché, mais qui nous gouverne. Notre cerveau.

Ce que j'ai découvert m'a glacé. Ce cerveau, qu'on présente comme l'organe le plus complexe de l'univers et dont on chante les louanges à coups d'émissions de télévision et au fil de rayons entiers de librairie, est en réalité un organe au comportement largement défectueux, porté à la destruction et à la domination, ne poursuivant que son intérêt propre et incapable de voir au-delà de quelques décennies. Nous sommes emportés dans une fuite en avant de surconsommation, de surproduction, de surexploitation, de suralimentation, de surendettement et de surchauffe, parce qu'une partie de notre cerveau nous y pousse de manière automatique, sans que nous ayons actuellement les moyens de le freiner.

Tout n'est pas perdu, parce que certaines parties de ce même cerveau ont la capacité de raisonner autrement. Mais elles sont en minorité, et elles ont du mal à se faire entendre. Pour faire gagner cette minorité silencieuse, il faut d'abord connaître la puissance de ces forces qui œuvrent de manière souterraine. J'ai voulu ici détailler le fonctionnement des circuits neuronaux profonds qui nous conduisent à notre perte, pour que toutes celles et ceux qui souhaitent comme moi un autre destin sachent à qui ils s'attaquent. Car il faut connaître son ennemi pour triompher, dit l'adage. Seul problème, il s'agit ici de se connaître soi-même.

Perdre ce que l'on aime

Lorsque j'ai eu 17 ans, mes parents ont fait l'acquisition d'une petite maison sur l'île d'Yeu, une langue de terre de dix kilomètres de long au large des côtes vendéennes. C'était un endroit calme et préservé, vivant de la pêche, du tourisme et d'une économie locale basée sur l'artisanat et le bâtiment. On y voyait de petits groupes de maisons bâties sur le même modèle : à un niveau, peintes à la chaux, aux volets bleus, jaunes ou rouges. Une partie du littoral, sauvage, dressait de hautes falaises face à l'océan. L'autre versant, au climat doux et presque méditerranéen, étendait de longues plages de sable fin face au continent dont on apercevait la côte, par temps clair. Lorsque mes frères et sœurs et moi avons eu des enfants à notre tour, nous leur avons fait connaître cet endroit. Nous passions des vacances d'été ou de printemps dans un environnement naturel, paisible, qui offraient une coupure salutaire avec les rythmes de vie plus éprouvants des grandes cités. D'année en année, nous retrouvions le chêne vert, le pin parasol, le mimosa, l'anse de sable fin bordée de rochers où nous pêchions quelques crabes et crevettes pour égayer nos repas. À quelques encablures de la plage mouillaient de petits bateaux de pêche qui se dandinaient, bleu et blanc, sur le fin clapot. Au port, des dizaines de chalutiers rapportaient leur cargaison à la criée. Les familles de patrons pêcheurs édifiaient des petites fortunes sur le commerce du thon, du cabillaud ou de la sardine.

Ce tableau était probablement resté inchangé pendant quelques siècles, à l'heureuse exception d'une amélioration globale des conditions de vie, d'une progression de l'éducation et de la qualité des soins de santé, et de l'essor du tourisme. C'est il y a une petite dizaine d'années qu'une rupture s'est clairement fait sentir. Nous avons tout d'abord vu la plage reculer. L'étendue sablonneuse qui descendait des dunes vers la mer, autrefois plantée d'herbe fine et pointue qu'on appelle oyat, disparut en moins de trois ans. À marée haute, l'eau léchait directement le pied des dunes. L'avancée que l'on distinguait au nord-ouest de la plage, et sur laquelle était bâtie une adorable villa, commença à s'effondrer. Le propriétaire voulut vendre son bien, mais c'était trop tard. N'importe quel acquéreur potentiel se rendait compte que les jours de ce terrain étaient comptés, et renonçait à investir son argent dans un projet voué à l'échec.

Dans le même temps, les petits bateaux de pêche désertèrent l'anse. Au port, l'activité ralentit. Sur la vingtaine de chalutiers que l'on voyait régulièrement le long des quais, il n'en restait plus que deux ou trois. Quelque chose était en train de se passer. Mais quoi ?

Au contact des climatologues que j'ai côtoyés dans mon activité professionnelle, j'ai pris connaissance d'un fait aujourd'hui connu d'une majorité de personnes.

La hausse des températures provoquée par l'émission industrielle des gaz à effet de serre à l'échelle planétaire se traduit par une élévation du niveau des océans, et par leur acidification. Combiné à la surpêche, ce phénomène met à mal les populations de poissons, et la pêche est progressivement remplacée par l'élevage.

La maison où nous vivions est, aujourd'hui, située à quelques centimètres au-dessus du niveau de la mer. À la fin du siècle, l'élévation du niveau des océans sera comprise, d'après les estimations, entre quatre-vingts centimètres et six mètres, selon l'ampleur du réchauffement que l'on tente actuellement de limiter à deux degrés tout en sachant que cet objectif ne sera pas tenu. Autrement dit, on ne peut plus penser en termes de générations. Raisonner comme l'ont fait mes parents, en s'installant dans un endroit que l'on apprécie et que l'on souhaite léguer à ses enfants, ne relève plus d'une logique valide. Mes enfants ont grandi en partie à cet endroit, et s'y sont attachés comme je l'ai fait avant eux. Mais ils ne pourront probablement plus faire de même avec les leurs. C'est cette leçon qu'il faut commencer à leur inculquer.

Perdre un lieu que l'on aime est difficile, mais il s'agit après tout d'une résidence secondaire. Pour des millions de personnes dont la résidence principale est située dans des zones inondables, l'affaire est autrement plus sérieuse. Par exemple, des millions de Néerlandais seront amenés à fuir leurs logements au tournant du siècle, leur pays étant en grande partie situé en dessous du niveau de la mer. En Asie du Sud-Est, à Londres, à New York ou en Louisiane, des problèmes du même ordre deviendront inévitables. La petite île dont je parle est la métaphore d'un phénomène beaucoup plus large. Nous sommes passés d'un monde où chaque individu pouvait planifier son avenir et celui des générations futures à une réalité nouvelle, où le futur est impensable. La montée des eaux n'est, là encore, qu'un phénomène parmi d'autres. Nous détruisons le monde. Au moment même où vous lisez ce texte, une espèce vivante disparaît de la surface de la Terre toutes les neuf minutes [1]. La désertification de sous-continents entiers prépare un avenir migratoire sous haute pression qui est une véritable bombe à retardement. Je ne vous apprends rien. Nous savons tout cela, et c'est le fond du problème.

Ce cerveau auquel nous devons tout

La Terre est aujourd'hui peuplée de presque huit milliards d'êtres humains. Ce chiffre peut paraître gigantesque, mais son augmentation est plus impressionnante encore. Il y a à peine deux siècles, nous n'étions guère plus d'un milliard sur la planète. La hausse de ces cinquante dernières années a été la plus forte de toute l'histoire. Chaque année, quelque quatre-vingt-dix millions d'individus viennent grossir les rangs de l'humanité[1]. Si, depuis une planète lointaine, des extraterrestres nous observaient, ils penseraient que cette espèce, *Homo sapiens*, a brillamment réussi. Nous croissons, nous nous multiplions. Nous maîtrisons l'atome, l'électron, l'informatique, le moteur à explosion et l'ingénierie génétique. Nous pouvons sauver des personnes de la mort, grâce à des techniques de réanimation et de chirurgie encore impensables il y a un siècle. Et nous réussissons à mettre en communication ces milliards de personnes les unes avec les autres, ce qui aurait été considéré jadis comme de la magie.

Ce succès, nous le devons au développement d'un organe hors du commun, capable d'abstraction et de planification. Un organe apte à construire des machines, à communiquer verbalement et par écrit, à coopérer afin d'associer des groupes d'hommes et de femmes autour de projets complexes. Cet organe, notre cerveau, est constitué d'environ cent milliards de neurones, et d'autant de cellules gliales qui les entourent, les nourrissent et les protègent. Il produit la conscience, une capacité de réfléchir à soi-même et au sens qu'on souhaite donner à sa vie. Il est la plus incroyable merveille de technologie qui ait jamais vu le jour. Il a mis des centaines de milliers d'années à se perfectionner, sous-tendu par des gènes soigneusement réglés pour répondre à tous les défis changeants de son environnement. Nous lui devons tout. Il est notre passeport pour la vie, il a triomphé de prédateurs cent fois plus puissants que lui, et a vaincu des ennemis plus redoutables encore, microscopiques, qui s'attaquaient à son système immunitaire depuis des temps immémoriaux, décimant les populations.

Mais ce cerveau a une face sombre. Un principe destructeur qui a fait son succès contre les prédateurs pendant des millions d'années, mais qui menace à présent de le tuer, lui et ses huit milliards de semblables. Plus il réussit, plus il se rapproche de sa propre perte. Il a signé un pacte avec le diable, il y a fort longtemps. Ce pacte lui promettait la puissance, la domination et la maîtrise de la nature dans un premier temps, mais la ruine et la destruction dans un second. Il a réalisé la première partie de ce contrat. Aujourd'hui, il est temps de payer sa dette.

Le concept de dépassement

Chaque année, les médias et les organismes de recherche sur le climat nous livrent une date. Celle où les scientifiques estiment que l'humanité a consommé plus de ressources que la Terre ne peut en produire durant la même période. Ce chiffre est le résultat du travail de climatologues, d'économistes, d'agronomes, d'ingénieurs forestiers, d'experts en minerais et en ressources naturelles, qui dressent un bilan des ressources que nous prélevons sur la planète et du taux avec lequel ces ressources sont reconstituées, par exemple par la photosynthèse qui reconstitue les réserves de biomasse de l'Amazonie, ou par la reproduction des populations de poissons dans les océans. Ce faisant, ils déterminent le moment de l'année où l'humanité a prélevé toutes les ressources que la planète peut reconstituer. Cette date est appelée « jour du dépassement », ou *overshoot day* en anglais. Pour qu'une économie puisse être durable, il faudrait que cette date se situe au 31 décembre, et pas avant : si les comptes sont bouclés au dernier jour de l'année, tout va bien, les ressources peuvent se renouveler au même rythme qu'elles sont consommées.

La première fois que j'ai entendu parler du concept de dépassement, j'étais en train de préparer une émission de radio à France Inter avec Mathieu Vidard et un jeune journaliste, Axel Villard, qui venait alors de débuter. Axel avait préparé une chronique sur le degré d'épuisement des ressources de la Terre et, cette année-là, le jour du dépassement des ressources se situait le 21 août[1]. Deux ans plus tôt, la date du dépassement était le 25 septembre. En remontant encore vingt ans en arrière, en 1987, on la trouve au 19 décembre. En ce temps, l'humanité arrivait encore à boucler ses comptes, à quelques jours près. Depuis, elle est surendettée d'année en année, si bien que le jour du dépassement a presque atteint aujourd'hui le milieu de l'année. Ce que cela signifie est clair : pendant cinq mois, nous puisons dans des réserves que nous ne pourrons pas reconstituer. Que ferons-nous quand il n'y aura plus rien ?

Cette situation a été étudiée par les spécialistes de la dynamique des populations, et ils lui ont donné le nom de capacité porteuse. La capacité porteuse d'un écosystème est le nombre maximal d'individus que cet écosystème peut tolérer. Si ce nombre est trop important par suite d'une trop forte croissance démographique, les ressources s'épuisent et les individus meurent. Soit la population chute et se stabilise à un niveau inférieur, soit il se produit un effondrement[2]. Je me suis alors rappelé une expérience que j'avais faite de manière fortuite, à l'époque où j'étais tout jeune chercheur. J'avais ce jour-là observé sans le savoir une situation d'effondrement.

Une expérience bactérienne

En ce temps-là, j'avais à peine 25 ans, je préparais ma thèse de neurosciences à l'Institut Pasteur et une partie de mon travail consistait à faire se multiplier des bactéries *Escherichia coli*, dans le but de produire une variété d'ADN pour des expériences sur le fonctionnement des neurones du cerveau. Pour m'acquitter de cette mission, je devais déposer quelques microgrammes de bactéries *Escherichia coli* dans un tube contenant un liquide riche en sucre ; puis, fixer le tube à une roue qui tournait dans une chambre à 37 °C, ce qui agitait la mixture et la maintenait à une température idéale pour la croissance des micro-organismes. Au bout de douze heures, le tube renfermait un liquide opaque formé de centaines de milliards de bactéries en suspension. Ces êtres unicellulaires se divisent toutes les vingt minutes et leur population croît très rapidement. Du moins, tant qu'il y a à manger. Il faut donc les retirer avant que les réserves de nourriture dans le tube s'épuisent.

Comme un certain nombre d'étudiants en thèse, il m'arrivait de me lever tard le matin, de prendre mon petit-déjeuner tranquillement et d'arriver au laboratoire vers onze heures. Quand j'ai poussé la porte de la chambre chaude pour récupérer mon tube de bactéries, j'ai vite compris que quelque chose avait mal tourné. Le contenu du tube était blanchâtre, totalement opaque, et quand je l'ai ouvert, une odeur fétide m'a sauté aux narines. En voulant en répandre le contenu sur une boîte de culture, j'ai vu s'étirer des fils gluants semblables à de la bave d'escargot mêlée à du fromage fondu. Toutes mes bactéries étaient mortes. J'ai compris ce qui s'était passé. Au bout des douze heures prévues, leur nombre avait atteint cinq cents milliards, ce qui était la limite de la densité de population dans cet espace réduit. Pendant ce temps, j'étais en train de me préparer mon café, installé à la table de ma cuisine. Le temps que je lave ma tasse, que je me lève et descende l'escalier, mon tube contenait, non plus cinq cents, mais mille milliards de bactéries. Il aurait fallu à ce moment-là un deuxième tube entier pour les nourrir pendant vingt minutes supplémentaires. Vingt minutes plus tard, mes bactéries tentaient encore de doubler leur nombre en grappillant les quelques molécules de sucre qu'elles pouvaient trouver dans ce milieu vicié. L'hécatombe a commencé pendant que je prenais mon métro. Quand je suis arrivé à l'Institut Pasteur, il ne restait plus que ce bouillon blanchâtre, un monde de bactéries mortes, contenant des milliers de milliards d'organismes, qui avaient épuisé leurs ressources et s'étaient transformés en magma putride.

Si les grands décideurs et économistes faisaient un stage de culture bactérienne, ils prendraient conscience de ce que signifie la surexploitation des ressources dans un milieu limité. La nature n'est pas avare d'exemples qui devraient nous alerter sur les conséquences d'un dépassement des ressources d'un milieu naturel. Prenez l'acarien *Typhlodromus pyri*. Ce petit arthropode de la vigne et des vergers se nourrit essentiellement d'un autre acarien, *Panonychus ulmi*[3]. Lors de phases d'expansion des populations de *Typhlodromus pyri*, ces derniers dévorent de grandes quantités de *Panonychus ulmi*, ce qui leur permet de se multiplier de manière exponentielle. Les populations de *Panonychus ulmi*, vite exterminées par ce festin, finissent par disparaître localement. Lorsqu'ils ont tout consommé, les mangeurs impénitents meurent à leur tour, n'ayant plus rien à ingurgiter. Implacable logique. Un acarien ne se pose pas de questions : s'il peut manger, il le fait quand l'occasion se présente, et ne réfléchit guère à l'avenir. Et s'il ne le fait pas, ses voisins le feront à sa place et il n'aura même pas eu sa part du repas, ce qui le fera mourir plus tôt encore.

Akkadiens disparus

On pourrait penser que les humains ont un peu plus de plomb dans la cervelle, et il est vrai que nous avons la capacité de nous projeter dans l'avenir, mais la question est de savoir sur quelles échelles de temps. Prenons un autre exemple emprunté à l'histoire des civilisations. Il y a environ deux mille quatre cents ans, l'économie de l'Empire akkadien, en Mésopotamie, se développa de manière spectaculaire grâce à l'irrigation et aux cultures céréalières, indispensables aux besoins d'une population de plus en plus nombreuse. Face à l'accroissement démographique, les ingénieurs impériaux augmentèrent encore l'exploitation des sols. Ils creusèrent des kilomètres de canaux, qui permirent de cultiver de plus en plus de céréales en faisant venir de l'eau des montagnes. Malheureusement, ce système se heurta à une limite : l'enrichissement en sel des eaux utilisées pour l'arrosage au fil de leur transport[4]. Des quantités de plus en plus importantes de sel se déposèrent au fil des siècles dans les cultures, formant des dépôts que l'on peut encore observer de nos jours. Les archéologues ont démontré que les Akkadiens ont été obligés de se tourner vers des variétés de blé capables de résister à des salinités toujours plus élevées. L'exploitation du milieu entraîna des effets adverses que les ingénieurs surmontèrent par encore plus de technique. Mais on ne peut pas toujours trouver une technique plus performante pour pallier les effets secondaires des technologies qui l'ont précédée. Pour finir, les Akkadiens se heurtèrent aux limites physiologiques de la céréale. En quelques décennies, la Terre, qu'on avait poussée aux limites de ses possibilités, se tarit. La population qui avait prospéré grâce à l'inventivité de ses dirigeants se mit à décliner. La civilisation s'éteignit. Comme une population de bactéries dans un tube à essai. L'échelle de temps, certes, était différente, mais tout n'est qu'une question de référentiel, et si par hasard les extraterrestres qui nous observent depuis leur planète lointaine avaient une très grande longévité, ils nous verraient comme des bactéries qui meurent dans un tube.

Au chapitre des civilisations disparues pour avoir surexploité leur environnement, nulle autre que la société pascuane n'illustre mieux le principe du dépassement de capacité porteuse. Au XIIe siècle, environ 15 000 personnes peuplaient l'île de Pâques, un morceau de terre perdu en plein milieu du Pacifique, éloigné de presque quatre mille kilomètres du continent le plus proche. L'anthropologue Jared Diamond raconta, dans son ouvrage *Effondrement*[5], comment les habitants de cette île creusèrent leur propre tombeau. Sur ces rivages, les Pascuans avaient bâti une civilisation florissante sur l'industrie du bois, la construction de navires et l'édification des célèbres statues votives qui sont devenues le symbole de ce peuple disparu. Leur ressource principale – le bois – se trouvait logiquement en quantité limitée, mais ils ne s'en soucièrent guère. Lorsqu'ils eurent prélevé tout ce qui pouvait l'être, la population commença à décliner pour atteindre l'effectif ridicule de 2 000 habitants au XVIIIe siècle. Entre le tube à essai du laboratoire de l'Institut Pasteur et le macro-laboratoire de la Mésopotamie du IIIe millénaire, l'île de Pâques constituerait une sorte de tube de taille intermédiaire.

Évidemment, le plus gros tube que nous ayons à notre disposition s'appelle la Terre. Au mois de février 2018, une vaste étude sur le dépassement des ressources dans différentes régions de la planète, réalisée à l'université de Leeds en Angleterre, a révélé que la plupart des pays industrialisés sont régulièrement en situation de dépassement des ressources sur au moins cinq des sept grands critères que sont l'exploitation de l'eau, du phosphore, de l'azote, le changement agricole, l'empreinte écologique, la consommation matérielle et les émissions de dioxyde de carbone [6]. En contrepartie, ces États garantissent certains avantages à leurs citoyens, notamment l'accès à l'eau, à la nourriture, au chauffage et à la prévention des maladies, mais aussi à des « services » qui sont loin d'être vitaux, comme les déplacements à grande vitesse, le confort électroménager ou la téléphonie illimitée. L'étude pointe du doigt notre incapacité à faire le tri entre les besoins vitaux satisfaits par l'exploitation des ressources, et les envies de confort, qui sont en grande partie à l'origine du dépassement. Et d'autres pays en voie de développement sont également en situation de dépassement, sans pour autant remplir tous les besoins vitaux mentionnés.

L'épuisement des ressources naturelles est une conséquence de la surexploitation, mais ce n'est pas la seule. Un autre grand changement est la modification du climat. Là encore, le réchauffement climatique est la rançon du succès technologique qui a permis à des millions de personnes d'assouvir non seulement leurs besoins, mais aussi leurs envies : confort, alimentation carnée, multiplication des moyens de transport, des loisirs et des appareils électroménagers. Dès la révolution industrielle au XIXe siècle, l'humanité s'est lancée dans l'utilisation de l'énergie fossile, des charbons et des pétroles qui envahirent tous les pans de l'économie. Ces hydrocarbures représentaient des milliers de générations de forêts fossilisées au cours de millions d'années, retenant captives dans le sous-sol géologique des milliers de milliards de tonnes de carbone. En les brûlant, nous avons fait passer brusquement ce carbone dans l'atmosphère, allumant une gigantesque cocotte-minute dont la pression ne cesse de monter. Le problème est que l'augmentation de la production de dioxyde de carbone est encore plus rapide que l'augmentation de la population, car son taux par habitant ne cesse lui-même de croître.

Nous connaissons fort bien les conséquences de ce processus, mais nous ne l'enrayons pas pour autant. Après chaque sommet mondial pour le climat, les émissions de CO_2 repartent à la hausse, qu'il s'agisse du sommet de Rio en 1992, de celui de Kyoto en 1997, de Copenhague en 2009 ou de Paris en 2015. Aujourd'hui, l'industrie, les transports, l'agriculture et la production d'électricité représentent les quatre grands postes d'émission de ces gaz, à un rythme qui a été multiplié par huit depuis 1950 [7]. En 2017, les émissions sont reparties à la hausse de 2 %, en contradiction totale avec la volonté affichée lors des accords de Paris [8]. Nous voyons déjà aujourd'hui comment l'équilibre écologique et démographique du monde en est modifié. À l'horizon de 2100, c'est un réchauffement probable de trois, voire quatre degrés qui se profile. Une élévation de plusieurs mètres du niveau des mers est anticipée par les observations et les modèles du CNRS et des universités de New York et de Californie[9] ou d'autres grandes institutions de recherche, et dès 2018 des températures de 34 °C étaient mesurées dans le cercle polaire[10].

Dans tous les cas, ce seraient des centaines de kilomètres de côtes en Europe, en Amérique du Nord et dans le Sud-Est asiatique qui seraient inondées, provoquant une vague de migrations, de litiges immobiliers et de déplacements de populations. Ces exodes concerneraient environ 85 millions de Chinois, 32 millions de Vietnamiens, 28 millions d'Indiens, 21 millions de Japonais, 17 millions d'Américains, et les deux tiers de la population des Pays-Bas[11]. Plus loin de nous, en Afrique, la croissance de la population est la plus élevée au monde et les conséquences du réchauffement climatique, funestement, les plus prononcées. Des milliers de kilomètres carrés de cultures sont sévèrement frappés par des sécheresses de plus en plus rudes, provoquant l'exode de populations qui frappent régulièrement aux portes de l'Europe, et dont le nombre futur fait l'objet d'estimations encore imprécises mais préoccupantes, allant jusqu'à un milliard de fugitifs pour les quarante ans à venir[12].

On a souvent coutume de dire que l'écosystème est dévasté par l'activité humaine, que des espèces animales disparaissent par milliers en raison de l'acidification des océans, de la surpêche et de la déforestation, mais c'est surtout notre espèce qui fera les frais de cette évolution. Dès aujourd'hui, le coût des catastrophes naturelles imputables au réchauffement climatique (principalement, les inondations et les ouragans) atteint trois mille milliards de dollars sur les deux dernières décennies, soit une augmentation de 250 % par rapport à la période précédente[13]. Ces signaux doivent nous alerter. L'être humain n'existe sous sa forme actuelle à la surface de la Terre que depuis quelques centaines de milliers d'années. Son passage pourrait bien être un passage éclair. Des animaux comme les requins ou les éponges ont des centaines de millions d'années derrière eux. Nous, avec nos super-cerveaux, nos fusées et nos symphonies fantastiques, pourrions bien faire figure d'éjaculateurs précoces. Effacés, quelques millénaires à peine après avoir existé.

Nous savons, mais nous n'agissons pas

Notre conscience de ce qui nous attend ne semble avoir aucun effet sur le cours des événements. Tout se passe comme si notre intelligence était impuissante, dominée par des processus plus profonds, inconscients, que nous ne maîtrisons pas. Nous assistons, sans réaction, aux préparatifs de notre propre enterrement. Car, dans une économie globalisée, la situation de la planète Terre est identique à celle d'une île. Nous sommes perdus au milieu de l'univers, nous n'avons pas d'autre Terre où aborder, et la préservation de nos ressources naturelles et du climat est une question de vie ou de mort. C'est pour cette raison qu'il est incompréhensible de voir des journalistes badiner à ce propos entre une annonce publicitaire pour une marque de café et les résultats des matchs de la Ligue 1 de football. Ils savent très bien ce que cela veut dire, mais d'une certaine façon ils n'y pensent pas.

Cette faculté de dédoublement a quelque chose de tragique. Sans qu'ils le sachent, c'est leur cerveau qui leur joue un tour. Un très vilain tour. C'est en grande partie de ce tour qu'il sera question dans ce livre. Nous devons débusquer les profonds défauts de fabrication de notre propre pensée si nous voulons avoir une chance de ne pas faire partie bientôt de la liste des espèces disparues.

Aujourd'hui, face à la rapidité des changements qui interviennent dans notre environnement et qui vont menacer notre propre existence, nous sommes comme les pilotes d'un avion dont les témoins lumineux hurlent à tue-tête pour signaler un crash imminent, et qui se lanceraient : « Il nous reste deux minutes, on a encore le temps de se préparer un bon café. » Il faut en finir avec la vision d'un esprit humain cohérent, maître de son destin, capable d'agir par la force de la raison afin de s'assurer le meilleur avenir possible. Notre cerveau est en réalité une bombe à retardement. Il est animé de forces contraires qu'il n'arrive pas à concilier. Certains pourraient penser que c'est un paradoxe. Or l'objectif de ce livre est justement de montrer pourquoi ce n'est nullement un paradoxe, mais le reflet de l'évolution antédiluvienne de notre système nerveux. La nature ne pense pas, ne prévoit pas. Elle produit des cerveaux qui réussissent temporairement en se montrant plus efficaces que les autres. Et si le plus efficace de tous finit par creuser sa propre tombe, il n'y aura personne pour l'en sortir.

Les cinq motivations secrètes de notre cerveau

Le cerveau humain est programmé pour poursuivre quelques objectifs essentiels, basiques, liés à sa survie à brève échéance : manger, se reproduire, acquérir du pouvoir, le faire avec un minimum d'efforts et glaner un maximum d'informations sur son environnement. Ces cinq grands objectifs ont été le leitmotiv de tous les cerveaux qui ont précédé le nôtre sur le chemin accidenté de l'évolution des espèces vivantes. Et ce, depuis les premiers animaux qui ont vu le jour dans les océans à l'ère précambrienne, il y a un demi-milliard d'années, jusqu'au dirigeant d'entreprise qui règne sur des milliers d'employés et gère le cours de ses actions depuis son smartphone. Ils n'en ont pas dévié. Les mécanismes qui régissent leurs actions sont à la fois simples, robustes, et ils ont traversé le temps en conservant certaines caractéristiques essentielles.

Prenez la lamproie, un des plus anciens poissons ayant peuplé les océans primitifs. La lamproie est un vertébré agnathe, ressemblant à une grosse anguille dépourvue de mâchoire et dotée d'un faciès digne d'un film d'horreur : il s'agit d'un orifice tubulaire garni de dizaines de crocs disposés en anneaux concentriques, qui donne froid dans le dos. Le plus ancien fossile de lamproie découvert à ce jour date de trois cents millions d'années. Il est pratiquement identique à celui des lamproies actuelles. Voici donc un animal qui est apparu aux confins de la vie, avant les dinosaures, et qui continuera probablement de vivre longtemps après que nous aurons quitté la surface de la Terre. Son cerveau est minuscule, pas plus gros qu'un dé à coudre, et il est en grande partie organisé autour d'une structure nerveuse appelée striatum (ce nom est dû au fait que la structure analogue chez les mammifères présente un aspect strié)[1].

Lorsque notre poisson cherche des zones riches en micro-organismes marins, ou se met en quête d'un plus gros animal dont il pourrait sucer le sang, ses mouvements sont coordonnés par des relais nerveux situés dans sa colonne vertébrale, lesquels sont placés sous le contrôle du striatum. Si la chasse est couronnée de succès, le striatum libère une molécule, la dopamine, qui a deux effets : procurer un sentiment de plaisir, et renforcer les circuits de commande neuronaux qui ont supervisé l'opération avec succès. Le résultat pratique est d'une importance cruciale pour la lamproie : les circuits de commande motrice qui ont assuré sa subsistance, une fois renforcés, seront remis à profit lors de la prochaine sortie et augmenteront d'autant ses chances de survie. Ce mécanisme est caractéristique d'un apprentissage. Le striatum dit en substance à la lamproie : « Pars en chasse, et si tu réussis je te récompenserai par un shoot de dopamine qui te fera connaître le bonheur, ou tout du moins un bonheur de lamproie. »

Ce système de renforcement a été si efficace qu'il s'est transmis à toutes les espèces de vertébrés.

Les neurones du striatum, qui charrient de la dopamine et du plaisir en réponse à tout comportement tourné vers la survie, sont le moteur de l'action des poissons, reptiles, oiseaux, mammifères et marsupiaux.

Depuis très longtemps déjà

Les formes de vie terrestre ont jalousement conservé ce système : lorsque les premiers mammifères terrestres ont vu le jour quelque cent quarante millions d'années plus tard, ils ont emporté avec eux ce passeport pour la survie. Ainsi, le Sunyodon était une sorte de petite musaraigne qui furetait dans les sous-bois pendant l'oligocène. Son cerveau ressemblait probablement à celui d'un rat. Il possédait un cortex, c'est-à-dire une enveloppe d'environ un millimètre d'épaisseur constituée de plusieurs couches de neurones dont les schémas de branchement sont extrêmement ramifiés, permettant un traitement de l'information en boucles de rétroaction. En outre, ce cortex observé au microscope (du moins, celui qu'on peut voir aujourd'hui chez les rats) apparaît composé de minuscules colonnes cylindriques juxtaposées, chacune jouant le rôle de microprocesseur, et regroupées en territoires : certains territoires traitent les informations visuelles, d'autres les informations olfactives, tactiles ou encore auditives. Il existe un territoire de forme allongée qui domine le haut du crâne et commande les mouvements. Cette organisation anatomique permet au petit rongeur d'observer son environnement, de détecter des odeurs avec une acuité étonnante, de s'orienter dans un labyrinthe, de mémoriser les lieux où il pourra trouver de la nourriture, d'identifier ses congénères à la vue et à l'odeur, de détecter leurs signaux d'agressivité et même de coopérer avec ses semblables pour réaliser des tâches collectives comme s'échanger de la nourriture contre des services ou se sécher mutuellement après un bain forcé[2-4].

Toutes les espèces de mammifères ont un cortex. La taille de ce dernier est fortement corrélée à l'intelligence et surtout à l'organisation sociale au sein de cette espèce. Le psychologue britannique Robin Dunbar a ainsi mesuré la surface du cortex de diverses espèces de primates, comme les marmousets, les macaques, les capucins, les chimpanzés, les gorilles ou les orangs-outangs[5-7]. Il a constaté que plus un primate possède un cortex développé, plus il vit en larges communautés. Sur cette échelle, l'être humain arrive tout au bout de cette évolution, déployant la plus grande organisation sociale grâce à un cortex si étendu qu'il a dû progressivement se compacter dans sa boîte crânienne, acquérant cette forme plissée caractéristique qu'on lui connaît.

Le nombre optimal de contacts sociaux que peut entretenir efficacement le cerveau humain se situerait autour de 150. Ce nombre est observé à la fois dans les sociétés ayant conservé une structure clanique, et dans le fonctionnement des réseaux sociaux modernes. Vous pouvez avoir 3 000 amis sur Facebook, mais vous n'en connaîtrez jamais plus de 150 pour de vrai. Par exemple, des anthropologues ont mené des enquêtes sur cinq continents, en distribuant à des milliers de personnes des questionnaires évaluant l'étendue du cercle de leurs connaissances, une connaissance étant définie comme une personne que l'on voit et dont on prend des nouvelles au moins une fois par an, à ne pas confondre avec les contacts virtuels des réseaux sociaux. En moyenne, les données collectées ont livré le nombre moyen de 153 connaissances. Et récemment, une étude réalisée sur les réseaux sociaux professionnels comme LinkedIn a montré que le nombre optimal de contacts pour trouver un emploi *via* ces réseaux est de 157[8].

En plus de sa tendance à socialiser, le cerveau humain est fortement tourné vers la fabrication d'outils, une capacité sous-tendue par des modules spécialisés du cortex cérébral[9]. L'avant du cerveau, quant à lui, renferme des modules de planification qui permettent d'imaginer des actions futures, alors que ses régions latérales sous-tendent le langage et permettent de partager ces intentions avec autrui et d'organiser des actions collectives. Enfin, un réseau d'aires corticales est plus particulièrement dévolu à ce que les psychologues appellent la théorie de l'esprit, c'est-à-dire la capacité de se représenter ce que pensent les autres, de deviner leurs intentions et leur attribuer des émotions.

Parler, imaginer ce que pense autrui et fabriquer ensemble des outils, tels sont les piliers du développement de technologies hyperperfectionnées. Un processus potentiellement sans limites, qui a conduit à la maîtrise du monde et, plus récemment, à sa mise en danger.

Striatum et dopamine

Le cortex a été une invention formidable de la nature dans la branche des vertébrés et surtout des mammifères. C'est littéralement l'arme fatale qui leur a permis d'adopter des comportements de plus en plus complexes, de coopérer en groupes de dizaines d'individus pour se doter de meilleures chances de survie, et chez certaines espèces comme le chimpanzé ou l'homme (mais aussi des oiseaux comme les corbeaux), de planifier des actions mentalement avant de les mettre en œuvre, démultipliant les capacités d'intervention sur leur environnement. Mais le cortex n'est qu'une arme, et comme toute arme elle est entre les mains de son propriétaire, qui décide de l'usage qu'il faut en faire et des buts qu'il va s'agir de concrétiser. Or ce propriétaire n'a jamais cessé d'être le striatum. Déjà présent chez la lamproie, légué à des millions de générations de poissons, d'amphibiens, de reptiles et de mammifères, ce noyau cérébral profond s'est transmis à travers les âges, se révélant indestructible, car sans lui il n'y a point de survie.

Pour dévoiler la logique de son fonctionnement, revenons au cerveau du rat. Celui-ci est constitué, dans sa partie externe, d'un cortex (autrement dit, *écorce*, en latin), et dans sa partie plus enfouie, d'autres structures cérébrales anciennes, héritées de millions d'années d'évolution, qui étaient déjà présentes chez les reptiles et les poissons. Certaines de ces structures ont la forme d'une amande (par exemple, un centre nommé amygdale, un mot qui signifie amande en latin et qui est une plaque tournante des émotions comme la peur, la tristesse ou la colère), d'autres sont arquées comme l'hypothalamus qui régule la faim, la température ou les désirs sexuels. Au centre de tout cela se trouve le striatum du rat, qui motive tous ses comportements. Le principe est le même que chez la lamproie : quand un comportement se traduit par de meilleures chances de survie ou de transmission des gènes, qu'il s'agisse de recherche de nourriture, de partenaires sexuels, de statut social ou d'exploration de nouveaux territoires, le striatum est inondé de dopamine et le comportement en question est renforcé. Il vaut la peine de s'attarder un moment sur le mécanisme de cette libération de dopamine. Encore plus bas que le striatum dans le cerveau, à la limite avec la moelle épinière qui régule nos réflexes primaux et certaines fonctions végétatives comme la respiration, se trouve un petit groupe de neurones rassemblés dans une petite poche qui porte le nom d'aire tegmentale ventrale. C'est dans cette zone profonde, véritable source de carburant, qu'est fabriquée la dopamine. Les neurones localisés dans l'aire tegmentale ventrale étendent ensuite leurs prolongements vers le striatum où ils libèrent cette molécule pour « récompenser » l'animal en cas de succès.

Pourquoi la connectivité des neurones explique-t-elle le pouvoir exercé par le striatum sur l'ensemble de nos actes ? De façon générale, les neurones sont des cellules très différentes des autres cellules de l'organisme. Alors qu'une cellule du foie ou de peau a une forme plus ou moins compacte, possédant des dimensions de quelques micromètres d'épaisseur, les neurones subissent au cours de leur croissance une véritable métamorphose qui les dote de prolongements et de filaments qui s'étendent parfois sur plusieurs centimètres, voire des dizaines de centimètres pour les neurones contrôlant les mouvements de nos jambes. Un neurone se compose d'un corps d'aspect sphérique contenant notamment un noyau où siège l'information génétique sous forme d'ADN, et de deux types de filaments : des antennes postérieures, ramifiées et touffues, qui captent les informations nerveuses venant des autres neurones, et une antenne projetée vers l'avant qui ressemble plutôt à un câble immense, et qu'on appelle axone. C'est cet axone qui s'étend très loin vers d'autres régions cérébrales.

Grâce à leurs longs axones, les neurones de l'aire tegmentale se connectent à trois autres zones profondes du cerveau : le noyau accumbens, le noyau caudé et le putamen, qui forment ensemble le striatum (*voir la figure ci-dessous*).

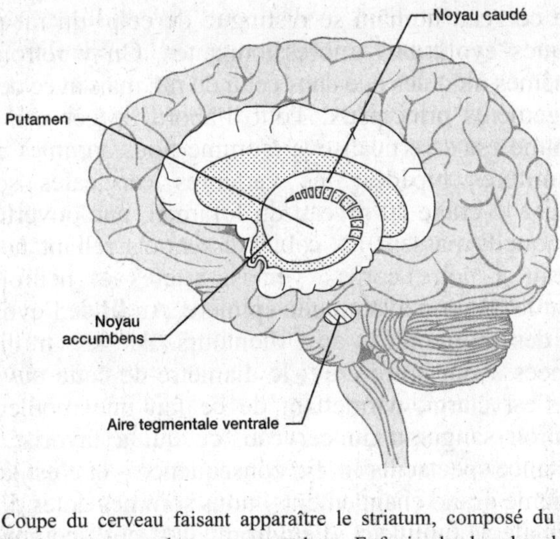

Coupe du cerveau faisant apparaître le striatum, composé du noyau caudé, du putamen et du noyau accumbens. Enfouie plus bas dans le tronc cérébral, se trouve une quatrième zone appelée aire tegmentale ventrale, qui approvisionne les trois premières en dopamine.

Communiquant essentiellement grâce à la dopamine, ces quatre régions décident de beaucoup de choses dans le cerveau. En fait, elles tiennent de près ou de loin presque tous les leviers du pouvoir. Grâce à leurs longs axones, les instances décisionnaires de l'aire tegmentale ventrale et du striatum innervent pratiquement toutes les régions du cortex où siègent la raison, l'esprit de planification, d'organisation, d'abstraction, et même la mémoire.

À l'intérieur de la grosse boîte

Le cerveau humain se distingue de celui du rat par quelques évolutions impressionnantes. On y retrouve les mêmes modules que dans celui du rat, mais avec deux changements principaux. Tout d'abord, le cerveau de l'homme est « verticalisé ». Comme nous sommes des mammifères bipèdes, les vertèbres cervicales soutiennent le crâne au niveau du foramen, une ouverture par laquelle passent les câbles essentiels reliant notre cerveau à notre corps : veines, artères et neurones reliant le cerveau à la moelle épinière. Au fil de l'évolution des hominidés, aux alentours de 1,5 million d'années avant notre ère[10], le diamètre de cette ouverture s'est élargi, permettant de ce fait une meilleure irrigation sanguine du cerveau, ce qui a favorisé sa croissance spectaculaire. En conséquence – et c'est là le deuxième grand changement – nous sommes dotés d'un encéphale volumineux d'environ 1 400 cm^3, comptant cent milliards de neurones et environ un million de milliards de connexions appelées synapses. Un organe alimenté par un fort débit sanguin, et qui possède une partie externe (le cortex) totalement surdimensionnée par rapport à celle des autıes animaux. Si vous pouviez déplier cette écorce cérébrale, sa surface avoisinerait celle d'un écran plat de soixante pouces, un des plus grands formats que vous pouvez admirer dans les magasins d'électronique moderne. Et tout ça est comprimé et comme froissé dans votre crâne…

Comme chez le rat, les neurones à dopamine irriguent les différentes parties de notre cortex et dictent leur loi. Ainsi, même si le cortex est l'arme fatale qui a assuré le succès des mammifères et notamment des primates évolués que nous sommes, acquérant chez nous une puissance inégalée, le striatum continue à tenir les commandes. Il poursuit toujours les mêmes objectifs qu'il y a dix millions d'années : trouver de la nourriture, des partenaires sexuels, se procurer un statut social, acquérir du territoire et des informations permettant d'augmenter sa survie, le tout en dépensant le moins d'énergie possible. Au milieu de tout cela, une seule chose a changé, mais elle est d'importance : le cortex de l'homme s'est largement développé depuis un million d'années environ et est autrement plus puissant que celui d'un rat. En élaborant des technologies sophistiquées, que ce soit dans le domaine alimentaire, de l'information ou de la production de biens matériels, ce cortex est aujourd'hui capable de procurer au striatum presque tout ce qu'il désire, parfois sans effort. Et le problème, c'est que le striatum ne demande que cela. À aucun moment il ne lui viendrait à l'idée de se limiter. Il n'est pas fait pour cela. Il n'a jamais intégré cette donnée, cela n'a pas été spécifié dans ses plans de construction. Nous verrons plus loin pourquoi et comment. Ce qu'il faut retenir, c'est que le striatum prend tout ce qu'il peut avoir. C'est un des gros défauts de fabrication de notre cerveau.

La grande bouffe

Striatum en action

Pour toutes les personnes nées après 1960 en Europe occidentale ou aux États-Unis, ce chapitre n'évoquera sans doute pas grand-chose. Il traite d'un sentiment, ou d'une sensation, qui leur est probablement étrangère. Je veux parler de la faim. Pour ma part je n'ai le souvenir de l'avoir connue qu'une fois, et encore de façon brève, lors d'un voyage au Canada où j'avais organisé un trekking avec deux de mes cousins, pour une durée de deux semaines. Nous avions très mal calibré nos provisions. Nous n'avions pas prévu assez et nous sommes rapidement tombés à court de vivres. Alors, pendant trois ou quatre jours sans rien manger à part des fonds de sucre brun dans des sachets en plastique, j'ai commencé à comprendre ce qu'était cette fonction étrange de mon corps qu'est le besoin absolu de nourriture. Au bout de ce périple initiatique, nous sommes finalement arrivés à une petite ville bâtie sur le modèle nord-américain, traversée par une route tirée au cordeau, avec quelques maisons et un hôtel bon marché dont l'enseigne nous sauta aux yeux : « Petit-déjeuner à volonté ». Nous avions dans nos poches tout juste de quoi payer la nuit et le petit-déjeuner. Comme on ne servait plus à cette heure, nous avons dû attendre le lendemain matin pour nous remplir l'estomac. Au saut du lit, je me suis retrouvé face à une table couverte de pancakes et de bols de céréales, de lait et de flacons de sirop d'érable.

J'ai lu, bien des années plus tard, que les chasseurs du paléolithique, lorsqu'ils capturaient une proie importante, passaient des jours entiers à manger. On s'installait autour de la carcasse, et on s'efforçait d'en faire rentrer la plus grande quantité possible dans les estomacs, en un temps aussi réduit que possible avant qu'elle ne se décompose. C'est sans doute ce type d'instinct qui ressurgit lors des comportements de boulimie que l'on peut observer chez certains spécimens d'*Homo sapiens* logés dans les gratte-ciel des grandes mégapoles planétaires. La capacité à stocker de grandes quantités de calories en un temps limité a probablement été le garant de la survie de nos ancêtres pendant des millions d'années, dans un environnement où rien ne garantissait de pouvoir remettre aisément la main le lendemain matin sur une proie de taille comparable.

Le comportement d'alimentation sans faim illustre le fonctionnement de notre cerveau. Maintenant que vous savez comment fonctionne le circuit de la récompense, qui suscite du plaisir chaque fois que nous exécutons une action qui assure notre survie, et que vous avez retenu qu'un élément central de ce circuit est le striatum, vous pouvez comprendre que le sentiment de faim ne suffit pas à provoquer en lui-même l'acte de se nourrir. La faim n'est qu'un signal qui indique un déséquilibre des paramètres physiologiques de l'organisme. Pour que naisse le désir de manger, pour que cette envie guide vos actions et ramène sans cesse vos pensées vers la nourriture, et votre main vers votre bouche, il faut ce que les neuroscientifiques appellent une incitation. Aujourd'hui, on sait que le striatum est justement la partie du cerveau qui fait naître ces incitations. Tel un contremaître exigeant, il nous pousse à l'action. Et il manie la carotte plus que le bâton : si le cortex exécute ce qui est inscrit au programme officiel de la survie – manger, copuler, explorer, conquérir, dominer –, il recevra de la dopamine et du plaisir. Et ça fonctionne même très bien. Sans ces incitations, que deviendrions-nous ? Prendrions-nous la peine de nous lever le matin pour aller travailler et gagner notre vie ? Si ce n'était pour remplir notre assiette, pour trouver un partenaire avec qui partager notre vie, pour nourrir des enfants, pour apprendre des choses nouvelles ou accomplir un projet qui nous élève à nos yeux ou à ceux des autres, aurions-nous la force d'entreprendre quoi que ce soit ?

Cette question peut vous sembler théorique, mais elle est on ne peut plus concrète. Récemment, des chercheurs ont observé ce qui se passe si l'on fait disparaître les neurones à dopamine du striatum qui produisent ces incitations. Ils ont délibérément inactivé ces neurones chez des souris, par génie génétique. Le résultat est que les animaux ont cessé de chercher de la nourriture et d'explorer de nouveaux endroits où ils auraient pu en trouver. Ils se laissaient mourir en quelques semaines [1,2]. La raison était simple : cela leur était égal. La faim avait beau les tenailler, il leur manquait l'envie. L'envie de vivre avait disparu.

Striatum en veille

Vous pouvez objecter que l'on ne sait rien de ce que ressentaient ces souris, de leur sentiment subjectif de faim ou de leur envie de vivre. Mais les mêmes effets se produisent chez des personnes dont le striatum a été endommagé, que ce soit à la suite d'un traumatisme crânien ou d'intoxications au monoxyde de carbone. Ces lésions donnent lieu à des situations très particulières. Les patients ont perdu la capacité de désirer quoi que ce soit. Le terme utilisé par les neurologues est « perte d'autoactivation psychique[3] ». Le plus souvent, le patient reste simplement dans la position et dans l'état où son entourage l'a laissé quelques instants plus tôt, étant incapable d'orienter de lui-même ses actions. Ainsi, un homme à qui l'on a demandé de tondre le gazon, et que l'on a placé devant la tondeuse au milieu du jardin, les mains sur la poignée de l'appareil, est retrouvé une heure après dans la même position, sans avoir commencé quoi que ce soit. Comme on lui demande si tout va bien, il répond que oui, le plus naturellement du monde. Et dès qu'on lui donne l'ordre de commencer son travail, il s'exécute sans broncher. Il a perdu la capacité de s'autoactiver. Il faut désormais l'activer de l'extérieur[4].

Certains patients en perte d'autoactivation psychique restent vingt-quatre heures sans s'alimenter, attendant patiemment qu'on leur propose un repas. Ils mangent alors d'un bel appétit celui qu'on leur apporte[5]. La faim est là, mais la connexion entre cette sensation de manque et l'action a disparu. L'envie a disparu en même temps que leur striatum.

Ne nous trompons donc pas sur la dopamine et le striatum. Le striatum, c'est la vie. Sans lui, nous n'existerions pas aujourd'hui. Il ne peut en être autrement car la sélection naturelle n'a conservé que des individus dotés de striatums fonctionnant de cette manière. Il est aisé de comprendre pourquoi : si, parmi nos lointains ancêtres, certains naissaient avec un striatum déficient (à cause des inévitables mutations génétiques et continuelles recombinaisons de gènes qui ponctuent l'évolution des espèces), ils ne survivaient pas longtemps. Seuls ont subsisté ceux qui, dans leurs cerveaux, possédaient cet aiguillon qui leur disait : « Va, mange autant que tu peux car la nourriture n'est pas donnée dans ce monde. Va, copule autant que tu peux car plus ta descendance sera nombreuse, plus tu auras de chances de transmettre tes gènes à la postérité. Va, montre-toi plus important que les autres, car c'est ainsi que tu t'assureras une situation qui te garantira des ressources matérielles et des partenaires sexuels. Va, avale autant d'informations que tu pourras sur le monde qui t'entoure car cela augmentera tes chances de t'en sortir. Et fais cela plus que les autres, car sinon ce sont tes gènes qui seront submergés par ceux de tes concurrents. En conséquence, ne te modère surtout pas, ne te limite pour rien au monde. »

Cette façon de présenter les choses peut sembler radicale, mais elle reflète la stricte réalité du fonctionnement de nos neurones. Il est essentiel de bien le comprendre pour prendre la mesure de l'impasse dans laquelle nous sommes engagés en tant qu'espèce. Maîtrisant toujours plus de technologies pour assouvir nos besoins, nous sommes incapables de nous modérer dans l'application de ces technologies, qu'elles aient un rapport à la production de denrées alimentaires, d'automobiles véhiculant un statut social, de sexualité sur Internet, de statut social sur les réseaux du même nom ou d'addiction à l'information continue. Tout cela forme le carburant d'une économie de croissance qui n'a aucune raison de renoncer à son principe fondamental, car c'est ce principe qui a fait le succès de notre espèce.

Qu'est-ce qui gêne ?

L'organisation des structures profondes de notre cerveau est régie par des milliers de gènes qui assurent son développement pendant l'embryogenèse puis son fonctionnement au cours de la vie. Des variations génétiques se produisent continuellement au fil des générations qui peuplent la planète. Ces variations sont le résultat de mutations aléatoires ou de simples recombinaisons de fragments de chromosomes de deux parents au moment de la reproduction sexuée. Et naturellement, elles peuvent engendrer des progénitures munies de striatums exigeants et virulents (qui poussent davantage leur propriétaire à manger, se reproduire, etc.), ou dotées de striatums plus modérés. Libre à chacun de penser ce qu'il souhaite de ce qui fait le succès d'un individu en société aujourd'hui, mais pendant les cent millions d'années qui ont présidé à l'évolution des mammifères jusqu'à l'aube de l'histoire, les gènes produisant des striatums plus exigeants ont eu beaucoup plus de chances d'être transmis d'une génération à l'autre, car leurs propriétaires ont mieux survécu. Ils ont capté la moindre miette de nourriture et ont assis leur pouvoir sur leurs semblables, s'assurant de meilleurs moyens de subsistance et des partenaires sexuels plus nombreux. Ils se sont reproduits de manière plus féconde, et ont mieux transmis leurs gènes. Par conséquent, nous sommes aujourd'hui tous dotés d'un système de récompense très performant. Ceux qui n'ont pas possédé ces circuits ont disparu depuis longtemps.

Pendant des millions d'années, ce système basé sur les neurones à dopamine de notre cerveau profond a permis à toutes les espèces animales de survivre en cherchant efficacement tout ce qui pouvait leur procurer nourriture, reproduction, pouvoir et information. L'histoire de la vie n'en a pas souffert, et notre planète non plus. Mais l'espèce humaine a subitement mis en œuvre un programme différent. Au terme de millions d'années d'évolution, le cortex humain a commencé à accoucher d'inventions technologiques qui se révélèrent capables de modifier en profondeur son rapport à la nature.

La nature-usine

Ce programme a été annoncé dès le XVIIe siècle par René Descartes, qui appelait l'homme à devenir maître et possesseur de la nature, et a trouvé sa concrétisation deux cents ans plus tard dans la révolution technologique. Vers la moitié du XXe siècle, nos moyens de

subsistance ont été bouleversés par l'arrivé
mières machines agricoles. Associées à la c
engrais, celles-ci ont donné naissance à l'agricult
intensive maîtrisée, avec des rendements de l'ordre de 7 tonnes de céréales par hectare de terre cultivée, alors qu'on estime que les premiers paysans du néolithique tiraient quelques quintaux de la même surface ensemencée. L'industrie agro-alimentaire, comme on l'a appelée, a inondé les pays développés de produits aussi riches qu'abondants, modifiant totalement la nature de l'élevage. Autrefois extensif, basé sur le pâturage, celui-ci est passé au stade industriel par la concentration du bétail dans des fermes-usines alimentées par des céréales produites sur des exploitations gigantesques. Le résultat donne le tournis : aujourd'hui sont produites 68 millions de tonnes de bœuf par an (environ 300 millions d'animaux consommés annuellement, ce qui représente 2 tonnes de viande bovine produites *à la seconde*), 110 millions de tonnes de porc (800 millions d'animaux par an, 3,5 tonnes à la seconde), 115 millions de tonnes de poulet (86 milliards d'animaux par an, 3,5 tonnes par seconde), ce chiffre étant amené à augmenter de 24 % d'ici 2025[6]. L'image que nous avons devant les yeux est folle : c'est celle d'une humanité qui engouffre 300 millions de tonnes de viande par an. C'est la réalité d'une consommation qui double tous les vingt ans, c'est-à-dire à chaque génération d'êtres humains. Et d'une frénésie qui a eu tendance à s'accentuer encore ces dernières années.

Dans le même temps, la biotechnologie, dotée du pouvoir démiurgique de la génétique qui avait percé à jour les lois du vivant, « améliorait » les races porcines, gallinacées et bovines pour produire plus de viande pour un coût donné, et remplir les rayons des supermarchés de millions de tonnes de steaks prêts à l'emploi. En 2002 vit le jour le premier poulet sans plumes, qui permettait d'accélérer la production des volailles et de réduire le délai entre l'éclosion du poussin et l'assiette du consommateur[7]. Auparavant, les instituts de recherche avaient mis au point les fameuses vaches de la race bleue belge, porteuses du gène « double muscle[8] » qui les surcharge de muscles hypertrophiés entraînant une variété de problèmes de santé comme une langue trop grosse, des problèmes respiratoires et cardiaques, des troubles de la croissance osseuse et cartilagineuse. Plus récemment ce furent les cochons « Hulk », du nom du célèbre monstre vert de la série télévisée, créés en Corée[9], véritables bêtes de culturisme pesant une fois et demie le poids des porcs aux hormones américains.

L'impact de cette spirale sur notre environnement est aujourd'hui chiffré. On sait que la production d'un kilogramme de viande bovine coûte 15 000 litres d'eau à la planète[10], et dégage environ 20 kilogrammes de dioxyde de carbone dans l'atmosphère[11], c'est-à-dire autant de gaz à effet de serre qu'un trajet de 300 kilomètres en voiture[12]. Notre boulimie n'a pas de limites, et surtout, la connaissance de ces chiffres ne semble pas en mesure de nous faire changer d'avis, et encore moins de réduire la taille de nos portions. Pourtant, et c'est là le côté le plus désolant de la situation, nous n'avons pas réellement besoin de tout cela. Nos besoins alimentaires sont, du moins dans la majorité des pays du globe, satisfaits. Nous sommes en surproduction et en surconsommation, et, logiquement, en surpoids.

L'humanité obèse

En 2016, l'Organisation mondiale de la santé livrait un rapport selon lequel on meurt plus sur Terre aujourd'hui de suralimentation que de dénutrition[13]. Aujourd'hui, plus de 1,9 milliard d'individus de plus de 18 ans sont en surpoids. Parmi eux, plus de 650 millions sont obèses, ce qui représente environ 13 % de la population mondiale. Ces chiffres ont triplé en quarante ans et, en 2030, on s'attend à ce que 38 % de l'humanité soit en surpoids, et 20 % obèses[14]. Ce phénomène touche l'ensemble des régions du monde, y compris les pays en voie de développement. Mais ce sont évidemment les pays les plus industrialisés qui subissent le choc de plein fouet. L'obésité est devenue la deuxième cause de mortalité en Europe après le tabac, selon une étude internationale menée dans trente-deux pays, portant sur 4 millions de personnes[15]. Aux États-Unis, le taux d'obésité a dépassé 33 % de la population, et les personnes en surpoids sont désormais majoritaires, avec plus de 65 % des Américains[16]. En France, nous avons dépassé la cote des 15 % d'obèses. L'obésité coûte cher, en soins de santé et en vies humaines. Elle tue par le biais de maladies cardiovasculaires, du diabète, des cancers du sein, des ovaires, de la prostate, du foie, du pancréas, du rein et du côlon. Chaque année, on estime que près de 3 millions de personnes décèdent à cause de l'obésité, avec un coût de plus de 200 milliards de dollars annuels rien que pour les États-Unis[17,18].

Évolution du taux d'obésité de 1970 à 2030

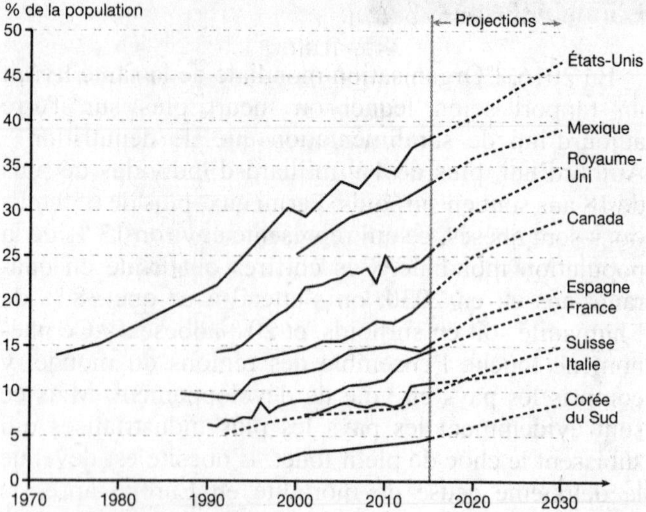

Le pourcentage d'individus obèses (en axe vertical) est en progression très rapide dans tous les pays développés (Source : OCDE, 2014).

Face à ces chiffres implacables, une question se pose naturellement : pourquoi, sachant que l'excès d'alimentation bouche nos artères, met sens dessus dessous notre métabolisme et nous fait mourir avant l'heure, ne prenons-nous pas la ferme décision de nous limiter ? Évidemment, nous l'avons vu, notre striatum est programmé pour nous pousser à engouffrer encore et toujours plus. Mais d'une certaine façon cela ne fait que déplacer la question : pourquoi est-il programmé pour cela ? La nature est-elle si stupide et aveugle ? Ne pouvait-elle pas prévoir que cela mènerait à un gâchis monumental ? Nous semblons nous débattre dans des efforts dérisoires pour lutter contre cette abondance de nourriture qui, en d'autres temps, nous eût comblés. Signe de ce désarroi, une des rares industries aussi florissantes que celle du fast-food est celle des régimes. On estime qu'il existe aujourd'hui au moins quatre-vingt-dix types de régimes amincissants, sans compter les régimes déposés portant la marque de leur inventeur et exploitant. Ceux-ci vont du régime inuit basé sur les protéines animales jusqu'au régime d'Okinawa qui met l'accent sur le poisson, en passant par le locavore (ne manger que ce qui pousse dans votre région) ou fruitarien (ne manger que des fruits frais). Plus de neuf femmes sur dix en ont fait un ou en feront un au cours de leur vie, et le chiffre d'affaires de cette industrie s'élève à 50 milliards de dollars annuels, rien qu'aux États-Unis où le problème est le plus aigu.

Et pourtant, toutes les études scientifiques le démontrent : cela ne fonctionne pas. Dans l'immense majorité des cas[19], l'effort consenti pour limiter sa ration de calories et perdre du poids est vécu comme une contrainte trop lourde, suivie d'un inévitable effet rebond : on reprend encore plus de poids après la fin du régime. Les bonnes résolutions prises par notre cortex ne font pas le poids, au sens propre, devant la pulsion immuable du striatum. Notre cerveau est configuré pour en demander toujours plus, même quand ses besoins sont satisfaits.

On est foutus, on mange trop

Si nous sommes à ce point démunis devant l'abondance de nourriture, c'est parce que nous n'y avons jamais été préparés. Pendant la plus grande partie de son séjour sur Terre, l'être humain a vécu dans un milieu naturel où les ressources alimentaires étaient rares. L'environnement de nos ancêtres du paléolithique n'était pas peuplé de frites et de hamburgers. Il fallait passer des journées à chercher des racines, des baies, à traquer un gibier sans garantie de succès. Lorsque vous teniez une proie, vous n'aviez pas intérêt à en laisser une miette. Votre survie en dépendait. Celui qui mangeait le plus avait souvent un avantage sur les autres. Il survivait mieux, plus longtemps, avait une descendance plus nombreuse. Ses gènes se répandaient plus efficacement. Si un concurrent se présentait, muni d'un striatum le poussant à manger encore plus, c'était lui qui s'imposait. De cette façon, le comportement de goinfrerie ne pouvait que s'accentuer et s'inscrire dans nos gènes. Cela explique qu'aujourd'hui, nous ayons tous des gènes qui nous poussent à manger au-delà de notre faim.

Cette situation n'a pas vraiment posé de problème, tant que l'humanité vivait en équilibre avec les autres espèces animales et végétales, et que les ressources à disposition restaient limitées par la difficulté d'y accéder, mais une fois que l'homme a été capable de produire sa propre nourriture de façon maîtrisée et presque sans limites, ces « gènes goinfres » sont devenus nos pires ennemis. Ils nous tuent aujourd'hui en provoquant les maladies mortelles liées à l'obésité, nous invalident par l'une ou l'autre forme de comorbidité (dont la maladie d'Alzheimer et les AVC, très fortement favorisés par l'obésité et causant respectivement 1,5 et 6 millions de décès par an[20,21]), et provoquent des ravages sur notre environnement, puisque la surproduction de denrées alimentaires – notamment animales – entraîne un bilan carbone très lourd qui contribue notablement à l'effet de serre et au réchauffement climatique.

Je laisse ici ces savants raisonnements appuyés sur l'état de la connaissance en neurosciences, pour revenir à mon expérience personnelle : quand je me suis retrouvé dans cet hôtel du bord de la route dans l'Est canadien, je me suis jeté comme un ogre sur les pancakes au sirop d'érable qui étaient empilés devant moi. Rudement éprouvé par trois jours de jeûne en pleine montagne, j'ai englouti des quantités à peine croyables de tartines et de céréales, au point de m'en rendre malade. Une heure plus tard, j'étais incapable de bouger, au bord de l'indigestion, blotti au fond de mon lit. Le groupe a dû observer une halte d'une journée dans cette auberge, qui n'était pas du tout prévue au programme. Sans doute les gènes goinfres imposaient-ils de semblables léthargies à nos lointains ancêtres.

Si nous sommes programmés depuis longtemps pour manger sans faim, pour en demander toujours plus sans capacité de modération, où résident les circuits qui déterminent ce comportement ? Pour le savoir, il faut plonger au cœur du striatum, et remonter aux premières expériences qui ont mis en évidence son fonctionnement.

Le vrai maître du monde : le circuit de la récompense

Un rat stakhanoviste

En 1954, deux neurophysiologistes, James Olds et Peter Milner, ont fait une découverte qui a marqué d'une empreinte profonde le monde scientifique. Le jeune James Olds préparait alors sa thèse de doctorat chez le chercheur canadien Peter Milner, à l'université McGill de Montréal. Au cours de ses expériences, Olds s'intéressait à ce qui faisait qu'un animal avait tendance à préférer certains endroits à d'autres. Il avait implanté des électrodes dans le cerveau de rats de laboratoire, et leur envoyait du courant électrique dès qu'ils s'approchaient d'un des coins de leur cage. Logiquement, il s'attendait à ce que la décharge soit perçue comme douloureuse ou désagréable, ce qui conduirait le rat à délaisser l'endroit où la décharge lui était délivrée. C'est effectivement ce que James Olds observa chez la plupart des animaux testés. Chez la plupart, mais pas tous. Chez certains d'entre eux, il nota un comportement inattendu. Au lieu de fuir l'endroit où ils recevaient une décharge dans le cerveau, ces rongeurs y revenaient sans cesse, comme si cela leur faisait plaisir. En examinant plus précisément l'emplacement de l'électrode dans leur cerveau, Olds constata qu'il avait commis une légère erreur de manipulation et que la pointe métallique de l'électrode pénétrait dans une zone appelée « aire septale ». Une région du cerveau où se trouve notamment le noyau accumbens, c'est-à-dire la partie du striatum où est libérée la plus grande quantité de dopamine. Olds mit alors au point une expérience plus élaborée afin de permettre au rat de décider du moment où il pourrait s'administrer lui-même des décharges électriques. Pour cela, il construisit un circuit flexible relié à un petit pédalier sur lequel le rat pouvait appuyer quand il le souhaitait. À chaque pression sur le pédalier, l'appareil envoyait une décharge dans l'aire septale du rat. Le scientifique vit alors se développer un comportement compulsif : l'animal retournait sans arrêt près du pédalier et l'activait de plus en plus souvent, jusqu'à atteindre des fréquences frénétiques. La plupart des animaux testés actionnèrent le levier deux cents fois par heure, et certains allèrent jusqu'à cent fois par minute pendant vingt-quatre heures, totalement accros à cette stimulation[1].

James Olds et Peter Milner venaient de découvrir ce qu'on appellerait plus tard le circuit de la récompense. Dans le jargon scientifique, ce terme désigne un ensemble de neurones qui prennent leur source, comme nous l'avons dit plus haut, dans l'aire tegmentale ventrale et dans la substance noire voisine, à la base du cerveau, dans le tronc cérébral qui jouxte la moelle épinière. De là, ces neurones remontent à travers les autres structures du striatum et le cortex frontal. Dans leurs expériences, James Olds et Peter Milner ont stimulé ce circuit au niveau de plusieurs de ses maillons essentiels : l'aire tegmentale ventrale, le faisceau mésolimbique qui relie cette dernière au noyau accumbens, le noyau accumbens lui-même, mais aussi certaines parties de l'hypothalamus ou du cortex orbitofrontal. Les deux chercheurs ont décrit en détail le caractère irrépressible du besoin d'autostimulation chez les rats. Une fois que ces rongeurs avaient goûté à la sensation que procure la mise en route du système de récompense, ils ne désiraient plus rien d'autre. Ils cessaient même de boire et de manger.

Striatum et nirvana

Les expériences d'Olds et Milner ont ouvert la voie à des expérimentations du même genre chez l'homme. En l'occurrence, on procédait sur des patients devant être opérés à cerveau ouvert en raison d'autres maladies, et qui donnaient leur consentement pour des expériences ponctuelles. D'autres fois, on proposait ces stimulations à des patients pour soigner des états de dépression profonde. Le comportement des humains était, dans tous les cas, le même que ceux des rats. Ils s'autostimulaient sans limites, déclarant éprouver des sensations indescriptibles, fantastiques, indicibles[2]. L'un d'entre eux affirma vivre une sorte de montée vers un orgasme pouvant durer une demi-heure, ou une heure, le gonflant d'une énergie et d'un bien-être fabuleux.

La stimulation directe du système de récompense, dont le striatum constitue un pivot essentiel, plonge l'individu dans un état qui réunit les sensations d'un repas délicieux, d'une expérience sexuelle paroxystique et interminable, et d'une domination sur le reste du monde. Il n'est donc pas étonnant que les animaux ou les personnes la préfèrent à la satisfaction de leurs besoins élémentaires. C'est aussi l'effet que produit sur nos neurones l'absorption d'une dose de cocaïne ou, dans une moindre mesure, de nicotine qui aboutit elle aussi à l'activation de ce système de neurones. Les drogues sont simplement des molécules qui, par leur structure microscopique, ont le pouvoir d'activer les ressorts élémentaires de ces neurones.

Les travaux d'Olds et Milner furent le point de départ de plusieurs décennies de recherches sur les neurosciences du plaisir. La découverte d'un système de neurones logé dans notre cerveau, procurant une gratification intense en réponse à certains comportements, révolutionna notre compréhension des motivations sous-tendant nos propres actions. Aujourd'hui, nous savons que l'alimentation compulsive active directement ce réseau de la motivation et du désir, avec une succession de paliers qui conduisent à une accoutumance et une augmentation des doses. Notre incapacité à nous modérer provient justement du mode de fonctionnement de ce circuit de la récompense, qui est plus puissant que les parties « raisonnables » de notre cerveau. À partir du moment où les scientifiques avaient découvert le moteur de plaisir qui nous gouverne, ainsi que sa tendance à l'excès, toute une série de comportements furent observés à travers un prisme différent.

Programmés pour le sexe

L'un des comportements les plus activateurs du système de récompense est le sexe. À partir des expériences fondatrices d'Olds et Milner, on découvrit que chez l'homme la vue de photos érotiques ou de vidéos pornographiques activait fortement le striatum[1]. En quelques années, les vidéos pornographiques devinrent un matériau de choix dans les recherches en neurosciences. On se mit à observer les réactions d'hommes et de femmes placés dans des IRM pendant qu'on leur montrait des photos suggestives, voire franchement explicites. Et l'on constata la forte activation de leur striatum en réaction à ces stimuli. Ces expériences confirmèrent ce qui avait déjà été observé chez d'autres animaux au cours de l'acte sexuel : chez des rats, des techniques de mesure très précises, consistant à mesurer la quantité de dopamine libérée par l'aire tegmentale ventrale dans le striatum, avaient permis d'observer cette libération massive au cours de l'acte sexuel. Des variantes plus raffinées de l'expérience d'Olds et Milner consistèrent même à produire l'effet inverse : au lieu de laisser les rats s'accoupler et de mesurer l'activité des neurones de leur striatum, les scientifiques activèrent directement leur noyau accumbens à l'aide de fines électrodes, ce qui décupla les performances sexuelles des animaux. Les mâles devenaient capables d'éjaculer trois fois consécutivement, sans signe de lassitude, chose impossible en l'absence de stimulation, car dans ce cas 30 % des rats s'arrêtent après une éjaculation et 90 % après deux éjaculations[2]. Au sein du striatum, le petit « îlot du plaisir », le noyau accumbens, semblait jouer un rôle tout particulier, puisqu'on s'aperçut qu'il augmentait sa production de dopamine au fil des rapports sexuels, aussi bien chez le mâle[3] que chez la femelle[4] ; chez cette dernière, certains gènes voyaient même leur activité augmenter, et il s'avéra que leur rôle était notamment d'assurer le bon fonctionnement de ce même circuit de la récompense[5].

Ces dernières années, les scientifiques ont découvert que la fonction du striatum était au moins autant de procurer du désir que du plaisir. En effet, cette région cérébrale s'activait surtout pendant la phase d'anticipation du plaisir à venir, comme si elle poussait hommes et animaux à faire tout ce qu'il faut pour l'obtenir. Dans une de ces expériences, on s'aperçut que les personnes dont le noyau accumbens s'activait le plus fortement à la vue de photos érotiques avaient, au cours des mois et des années qui suivaient, le plus grand nombre de partenaires sexuels[6]. De même, les individus chez qui la vue de plats appétissants provoquait la plus forte réaction de ce même noyau couraient un risque supérieur, des mois et des années après, de devenir obèses. Autant d'éléments qui laissaient à penser que le système de récompense était surtout un système d'incitation. Comme un ressort interne qui créait l'envie et attirait les partenaires sexuels l'un vers l'autre.

Il s'agit en fait d'un système d'attirance extrêmement persévérant. Songez que lorsqu'on éprouve du désir pour une personne, on est capable de déployer des efforts considérables pour la conquérir. Nous y sommes incités par un striatum aussi déterminé qu'obstiné. Les neurones à dopamine qu'il renferme soutiennent un désir puissant, une tension continue qui peut œuvrer durant des jours ou des semaines avant de trouver sa réalisation. Et plus ce système sera efficace, plus il aura de chances de l'emporter sur celui de ses concurrents. La nature récompense le désir : celui qui veut le plus obtient le plus. Ce qu'il y a de marquant dans cette situation, c'est que le système de récompense le plus puissant remporte le jackpot : le striatum qui veut le plus de sexe répandra davantage ses gènes que celui qui n'éprouve qu'un désir modéré. Très rapidement, les gènes de ces striatums obsédés sexuels vont se répandre dans la population. Ceux portés par d'autres individus, moins portés sur la gaudriole, verront leurs chances d'essaimer se réduire comme peau de chagrin. Logiquement, cette compétition sexuelle sélectionne les systèmes de récompense les plus avides de sexe.

Mais tout a commencé à changer il y a une trentaine d'années, avec l'irruption de l'image dans nos vies de tous les jours. En quelques décennies, la télévision, les appareils photos, Internet et les smartphones ont envahi nos existences. Cette société technologique ultrasophistiquée a réalisé un petit miracle pour les striatums assoiffés de sexe. Elle a fait entrer dans toutes les maisons un ou plusieurs écrans sur lesquels il est possible de visionner des vidéos présentant toutes sortes de corps de rêve dénudés, engagés ou non dans des rapports sexuels explicites ou à demi voilés, selon les goûts, et renouvelables à l'infini. On peut emporter sa dose de sexe n'importe où. Le sexe, dès cet instant, n'est plus réservé à quelques chanceux qui auraient gagné la course de l'évolution. Tout le monde aujourd'hui peut gaver son noyau accumbens d'images incitatives, sans autre limite que celle du temps disponible.

Cerveau *vs* porno

L'industrie de la pornographie sur Internet est la première industrie du Web. On dénombre environ 50 000 sites en activité qui diffusent un nombre de vidéos pour ainsi dire illimité, sachant qu'une nouvelle vidéo est en moyenne mise en ligne tous les quarts d'heure[7]. Aujourd'hui, 35 % des vidéos visionnées quotidiennement sur Internet sont des vidéos pornographiques, et elles représentent un chiffre d'affaires de 97 milliards de dollars, les États-Unis étant les plus gros producteurs et consommateurs avec 17 milliards de dollars annuels[8]. Chaque année, 136 milliards de vidéos pornographiques sont visionnées par l'humanité, pour une moyenne de 348 vidéos visionnées chaque année par utilisateur de smartphone, au point qu'à chaque seconde où vous lisez ces lignes 28 000 personnes sont en train de visionner une vidéo pornographique[9]. Et nous n'en sommes probablement qu'aux débuts d'un phénomène de plus vaste ampleur encore. Depuis un ou deux ans, en effet, sont arrivés sur le marché de nouveaux dispositifs de réalité virtuelle, qui proposent de visionner la pornographie avec un réalisme inédit, en trois dimensions. Des casques de réalité virtuelle permettent en effet à l'utilisateur d'interagir avec un ou une partenaire très réaliste. Certains de ces dispositifs peuvent être connectés à un simple smartphone, si bien qu'il devient possible de visionner des centaines de vidéos en trois dimensions, en totale immersion, et en couplant la stimulation visuelle avec des supports tactiles, qu'il s'agisse de poupées ou tout simplement de gants munis de capteurs barométriques qui reproduisent sur votre main la sensation de palper différentes parties d'un corps[10]. Certains produits comme le casque VRotica ou Oculus Rift, le casque de réalité virtuelle de Facebook, se sont vendus comme des petits pains dès leur lancement. À la fin de l'année 2017, le premier salon de pornographie en réalité virtuelle au Japon a été submergé par le nombre de visiteurs qui se pressaient à l'entrée, dans un pays où un homme sur deux de moins de 30 ans n'a jamais eu de rapport sexuel réel. Les foules de visiteurs s'agglutinant dans les rues dans l'espoir de pénétrer dans le salon ont révélé tout l'attrait que revêt le sexe virtuel hyper-réaliste pour les hommes en prise directe avec la technologie numérique. Il ne fait guère de doute que ces interfaces virtuelles seront le prochain mode de consommation de sexe à l'échelle planétaire.

En voyant les reportages consacrés à ce type d'événements, on se trouve brutalement confronté avec les images saisissantes d'un jeune cadre célibataire japonais en jean et baskets en train de copuler avec un fragment d'effigie de femme en plastique reliée à des capteurs retransmettant ses mouvements à une interface informatique, laquelle projette une représentation idéalisée de sa partenaire dans son casque 3D. On a le sentiment frappant d'une transposition de l'expérience d'Olds et Milner à l'être humain. Avec la consommation de masse du sexe, nous nous retrouvons ainsi dans la même situation qu'un mangeur du paléolithique qui ferait face, brusquement, à l'abondance de nourriture dégorgeant de nos supermarchés et des fast-foods de nos grandes métropoles. Le problème n'est plus la quantité. Le problème est de s'arrêter. Mais les structures profondes de notre cerveau qui fonctionnent à grand renfort de dopamine ne possèdent pas de fonction stop. Le citoyen du troisième millénaire ne découvre le problème que lorsqu'il commence à souffrir de troubles sexuels, de dysphorie ou d'addiction sexuelle, dus à la consommation excessive de sexe virtuel, puisque les troubles de l'érection ont doublé au cours de la dernière décennie, de façon parallèle à l'essor de la pornographie sur Internet[11].

En 2016 a été publiée la première étude d'imagerie cérébrale sur l'addiction à la pornographie sur Internet. Ce qu'elle montrait était édifiant : non seulement le visionnage des vidéos activait le striatum ventral (où se trouve notamment le fameux noyau accumbens), mais le niveau d'activité de ce striatum permettait de *prédire* si une personne donnée allait être modérément ou gravement touchée par les symptômes d'addiction à la pornographie sur le Web, comme le caractère envahissant du comportement, l'impossibilité de maîtriser son envie de surfer sur les sites pornographiques, le besoin d'augmenter les doses (phénomène de tolérance), les symptômes de manque en cas d'impossibilité d'y accéder, la perte de sensibilité aux stimulations sexuelles, les dysfonctions érectiles et les conséquences adverses sur le plan relationnel, que ce soit sur le couple ou les relations sociales en général [12].

Savoir pourquoi notre striatum est incapable de se modérer est une question fondamentale dont vont dépendre certains des grands enjeux de nos sociétés et de notre planète. Car si environ 35 % du trafic Internet est consacré à des visionnages de vidéos pornographiques, cela signifie rien de moins que l'impact de l'appétit sexuel de nos striatums sur la planète Terre est de cent cinquante millions de tonnes de dioxyde de carbone émises dans l'atmosphère chaque année, soit entre un cinquième et un tiers des émissions de gaz à effet de serre dues au trafic aérien. Selon certains analystes comme Anders Andrae, de l'université de Göteborg en Suède, les technologies de la communication pourraient représenter plus de la moitié de la consommation globale d'électricité à l'échelle de la planète en 2030 [13]. Sans le savoir, nous sommes comme les rats de James Olds et Peter Milner dans une cage munie d'un levier que nous pouvons actionner sans fin, sans réfléchir au fait que ce geste quotidien prépare une montée des océans qui engloutira des millions d'habitations dans les années à venir.

Striatum / homme – femme mode d'emploi

Cette vision décrit, vous l'aurez certainement compris, une réalité du désir sexuel qui est plus nettement masculine que féminine. De fait, 75 % des vidéos pornographiques sur Internet sont visionnées par des hommes. Selon les spécialistes de la psychologie de l'évolution, cette répartition résulterait des rôles biologiques différents qu'ont joué hommes et femmes dans la reproduction. Des chercheurs comme David Buss à l'université d'Austin au Texas ont fait remarquer que tout au long de notre histoire évolutive, les hommes ayant les partenaires sexuelles les plus nombreuses ont transmis davantage leurs gènes que ceux se cantonnant à une ou deux partenaires, en sorte que nous serions à peu près tous les enfants de ces hommes hypersexuels[14]. En conséquence, les hommes modernes auraient fortement tendance à l'être aussi, même si des variations culturelles et des normes sociales peuvent atténuer ce penchant. Du côté des femmes, la situation est différente, car la multiplication des partenaires ne conduit pas à une augmentation de la progéniture, ni des copies d'ADN de la maman. Il n'y a donc pas de prime à l'hypersexualité pour les femmes. Aucun mécanisme biologique ne conduit à un renforcement disproportionné du striatum sexuel chez la femme au fil des générations, comme c'est le cas chez l'homme. C'est une explication simple (qui n'est sans doute pas la seule) au fait que les femmes semblent moins avides de pornographie sur Internet aujourd'hui que les hommes.

Si le striatum des femmes est moins assoiffé de sexe que celui des hommes, à quoi est-il particulièrement sensible ? Si l'on suit un raisonnement analogue, l'attirance des femmes pour les bébés aurait plus probablement été sélectionnée par l'évolution. Les femmes attendries par le minois d'un nouveau-né, adoptant un comportement de soin attentionné, de protection et de sollicitude permanente, maximisent les chances de transmettre leurs gènes. Bien entendu, le but d'une femme du paléolithique n'est pas de transmettre ses gènes, car à cette époque personne n'est au courant de l'existence de tels gènes. La formulation exacte, sur un plan biologique, de ce principe consiste à dire que les gènes qui provoquent un comportement très protecteur des mères vis-à-vis des enfants sont davantage transmis à long terme que ceux qui entraînent un comportement moins protecteur, car les enfants porteurs de ces gènes ont de meilleures chances de survivre (étant mieux protégés) et de donner à leur tour naissance à d'autres générations. Ce processus, cumulé sur des centaines de milliers d'années, aurait stabilisé les constellations de gènes codant un comportement attentionné, attendri et protecteur des mamans vis-à-vis des tout-petits.

Cette description évolutionniste des fonctionnements des striatums masculins et féminins est, pour tout dire, de la dynamite sociale. Sa charge destructive est considérable, car elle peut conduire à justifier une répartition des rôles entre hommes et femmes qui pérenniserait le modèle de la femme au foyer trompée par son mari hypersexuel. Ce serait totalement inacceptable, et tout le propos de ce livre est justement de constater les problèmes que nous posent notre cerveau et la façon dont il a été conformé de longue date, car c'est la condition nécessaire pour identifier les pièges qui nous sont tendus et – avec beaucoup d'adresse et de volonté – les déjouer. La pire erreur serait de nous voiler la face. Les comportements sexuels de masse sont ce qu'ils sont, et encore aujourd'hui ce sont les hommes qui sont livrés aux pulsions sexuelles les plus puissantes de leur striatum, avec tout ce que cela peut comporter de mépris et d'arrogance. De leur côté, d'autres études sur le cerveau des femmes révèlent effectivement une grande sensibilité du circuit de la récompense à la vue de leur bébé [15]. Dans certaines études réalisées sur des animaux (et non chez la femme pour des raisons éthiques évidentes), des scientifiques ont donné le choix à des mamans rates entre recevoir des doses de cocaïne et se trouver en présence de leur petit. Alors que la cocaïne exerce un attrait irrésistible chez les animaux en temps normal, en stimulant directement le circuit de la récompense et le striatum, les mamans rates préfèrent s'occuper de leur petit car cela active leur striatum encore plus fortement que la cocaïne [16]. Cette préférence se maintient pendant huit jours, puis décline. Les rates retournent alors vers la drogue. Chez la femme, l'hyperactivité du striatum s'observe en IRM, par des expériences où l'on montre à une mère des photos de son enfant, lesquelles provoquent automatiquement l'activation des zones cérébrales en question.

Pourquoi les chats sont les stars du Net

Alors, pendant que les hommes s'abrutissent à coups de vidéos pornographiques, les femmes stimuleraient-elles leur striatum en visionnant des vidéos de bébés ? L'industrie du bébé sur Internet est pour le moins inexistante, et on ne peut que s'en féliciter. Heureusement, la plupart des parents préfèrent généralement protéger leur progéniture des regards de la masse. En revanche, il existe pléthore de vidéos de chatons. Pour tout avouer, les vidéos de chatons sont, juste après les vidéos pornographiques, les plus visionnées sur le Web. On en dénombre environ 2 millions, chacune d'entre elles étant visionnée en moyenne 12000 fois[17] pour un total de 26 milliards de visionnages, ce qui constitue la moyenne la plus élevée par thème, ce taux pouvant monter pour certaines vidéos jusqu'à 200 millions, comme c'est le cas du chat Maru, un chat japonais que les internautes peuvent suivre dans ses activités quotidiennes, en train de faire des culbutes sur un canapé ou de se coincer le museau dans une boîte de mouchoirs.

Les chatons semblent activer notre cerveau de la même façon que les bébés car ils présentent des caractéristiques similaires, que les psychologues appellent néoténiques. Les formes néoténiques d'un visage sont un petit nez, un petit menton, de grands yeux et un grand front. Ce sont des caractéristiques très accentuées chez les bébés, et qui diminuent avec l'âge, à mesure que le menton et le nez se développent. Plus un visage est néoténique, plus il suscite des comportements de protection, ce qui a probablement joué un rôle essentiel dans la survie de notre espèce, dont les nouveau-nés sont très fragiles. Il semblerait que notre système visuel réagisse automatiquement à la présence de tels stimuli par des sentiments d'attendrissement : pour notre cerveau, deux grands yeux, un petit nez, un petit menton et un grand front sont des stimuli qui suscitent aussitôt des émotions positives. Face à eux, notre striatum libère de la dopamine et l'on reste planté devant son écran, passant sa journée à surfer sur YouTube devant des petites boules de poils.

Le plus étonnant dans tout cela n'est pas que des centaines de millions de personnes passent une partie non négligeable de leur temps à utiliser des inventions comme la fibre optique, la lentille à double focale ou la transmission par satellite à seule fin de visionner des organes sexuels ou des moustaches de félins, mais plutôt que ce comportement semble très solidement ancré dans les structures de base de nos neurones, et durablement installé. Rien ne semble pouvoir nous faire dévier de cette trajectoire. Cet instinct basique charrie entre dix et trente gigabits (entre dix et trente milliards d'informations binaires) par seconde à l'heure où nous parlons, et libère à la surface du globe un bon million de tonnes de dioxyde de carbone sur une période d'une année.

Un entêtement fatal

Nous ne changeons pas de comportement pour autant. Beaucoup d'entre nous commencent pourtant à être informés que l'extraction des matières premières comme les terres rares destinées à la fabrication des écrans et des smartphones, de même que la maintenance et l'utilisation des serveurs Internet à l'échelle planétaire, détruisent des centaines d'espèces animales et libèrent des millions de tonnes de gaz à effet de serre qui chasseront plus tard des populations entières de leur lieu de résidence ; mais cela ne change rien. Nous ne modifions pas l'ordre de nos préoccupations, et nous préférons voir des corps nus s'accoupler sur des écrans ou des chatons trottiner sur des moquettes angoras, quitte à être confrontés plus tard à des problèmes de première urgence, plutôt que de prendre nos destinées en main. Savoir pourquoi nous sommes bloqués dans cette instantanéité est la grande question de ce livre. Pour le moment, nous n'avons fait que nous familiariser avec ce que les neurobiologistes appellent les renforceurs primaires, c'est-à-dire les types de stimuli que notre striatum recherche en priorité parce qu'ils sont associés à la survie de l'organisme et à la transmission des gènes. Mais il faudra bien, à un moment, nous poser la question de la raison qui fait que nous restons téléguidés par une poignée de neurones à dopamine au centre de nos super-cerveaux. Une partie de la réponse vient de l'attrait immédiat qu'exercent sur nous les renforceurs primaires. Nous en avons évoqué deux jusqu'à présent, la nourriture et le sexe. Une bonne partie de l'humanité cherche avant tout à manger et à se reproduire, et tant pis si cela débouche sur des comportements excessifs qui nous détruisent et endommagent gravement la planète. Mais le sexe et la nourriture ne sont que le début de l'affaire. Aucune autre espèce que la nôtre n'a poussé aussi loin l'obsession de la domination et du statut social. Ce jeu social permanent est source d'une dépense d'énergie énorme, et cause lui aussi d'immenses dégâts sur notre environnement. C'est de ce ressort fondamental que le chapitre suivant va traiter.

Atteindre le haut de la pyramide

L'origine des hiérarchies

Lorsque les premiers *Homo sapiens* écumaient le nord-est de l'Afrique et s'apprêtaient à émigrer par vagues successives vers le Moyen-Orient, l'Asie puis l'Europe, ils ne formaient que des groupes de quelques dizaines d'individus vivant de chasse et de cueillette, maniant la hache de pierre ou la sagaie. Ils n'avaient ni les canines d'un lion, ni la force d'un buffle, ni son estomac capable de digérer l'herbe. Ils n'étaient guère nombreux, et n'avaient pas de véritable impact sur leur environnement. Si les extraterrestres bien intentionnés que nous imaginons depuis le début de ce livre nous observaient dès la première heure, ils n'auraient sans doute pas misé bien lourd sur cette espèce bipède balbutiante.

Pourtant, les humains étaient organisés. Ils chassaient en groupes et parvenaient à capturer des proies de taille imposante grâce aux capacités de planification et de coordination de leurs cerveaux communicants. Les meilleurs chasseurs étaient récompensés pour leurs exploits personnels, leur talent technique mais aussi leur capacité à coordonner l'action du groupe. Ces individus influents jouissaient, en contrepartie, de portions alimentaires plus importantes, de la déférence de leurs compagnons et de l'attention des femmes. On sait aujourd'hui qu'ils se reproduisaient davantage, et que le rang social que pouvait acquérir un individu se répercutait en termes de descendance. Les gènes d'un dominant passaient plus massivement à la génération suivante [1].

Ce trait particulier de l'espèce humaine nous venait en réalité de plus lointains ancêtres. Encore aujourd'hui, les chimpanzés fonctionnent à peu près de la même façon. Chez ces animaux très intelligents, capables de coopérer et d'apprendre le langage des signes, les individus dominants jouissent d'avantages considérables, comme la soumission de leurs rivaux, un accès privilégié à la nourriture et aux femelles [2], lesquelles copulent préférentiellement avec eux [3]. Ces mâles de haut rang ont une descendance plus nombreuse, mais aussi une influence profonde sur le comportement de leurs subordonnés, qui tendent à les imiter dans leurs petits gestes quotidiens [4] ; ce sont de véritables prescripteurs, à la manière des stars de cinéma, des grands patrons de l'industrie téléphonique, des directeurs de chaînes d'information ou de journaux de mode d'aujourd'hui. De manière générale, l'ensemble du monde primate fait la part belle aux individus dominants. Chez les macaques japonais qui vivent dans les montagnes enneigées, les animaux de rang supérieur sont courtisés par les subordonnés, qui les épouillent, les débarrassent de leurs parasites et les laissent accéder en priorité aux sources d'eau chaude où ils peuvent se délasser, tels des pachas dans des jacuzzis[5]. Les individus situés tout en haut de la pyramide sociale, étant moins stressés et mieux traités, ont aussi un système immunitaire plus vigoureux et résistent mieux aux infections. Il y a tout intérêt à être dominant dans l'univers des primates !

La raison de ces structures hiérarchiques est inhérente à la socialité de ces espèces. Les primates se reconnaissent avec précision les uns les autres d'après les traits du visage, ce qui leur est indispensable pour former des alliances, et constitue un prérequis pour chasser en groupe. C'est notamment le cas des chimpanzés qui traquent les autres espèces de singes comme les colobes et cercopithèques, ou le gibier – antilopes ou chevreuils[6]. Ce sont pour cette raison des êtres de coalition, qui s'associent les uns aux autres et tiennent à jour des listes d'individus affirmés ou effacés, agressifs ou conciliants. Cette conscience de la place de chacun dans le groupe et des alliances passées avec les autres est la clé du succès des primates. Elle entraîne inévitablement des hiérarchies et des échelles de domination.

Singe savant

Homo sapiens, à travers ses grandes migrations, n'aurait jamais tiré son épingle du jeu sans une capacité encore plus affûtée de savoir qui est qui au sein de son groupe, avec qui il est avantageux de se liguer – et qui il vaut mieux éviter de contrarier. Au fil de l'évolution des hominidés, cette qualité n'a fait que s'affiner, notamment grâce à un processus fascinant qui a vu les humains se doter de visages d'une grande diversité. Ce processus de diversification des visages s'observe aujourd'hui dans des régions de l'ADN qui ont muté à un rythme accéléré, produisant des combinaisons de traits faciaux extrêmement variées[7], au point qu'il n'existe pas aujourd'hui à la surface de la Terre deux visages identiques. La capacité de discrimination des visages a été si cruciale pour la formation de sociétés hiérarchisées chez les premiers hommes qu'elle s'est accompagnée d'une évolution toute particulière de nos cerveaux, qui se sont dotés de zones entièrement dévolues à la reconnaissance des visages, comme la zone fusiforme des visages dans l'aire occipitale[8-10].

Lorsqu'on observe la façon dont réagissent des chimpanzés ou des macaques lorsque des combats ont lieu pour l'accès à des positions supérieures au sein de leurs hiérarchies, on est frappé par le fait qu'ils sont captivés par l'issue de ces confrontations. Les singes sont très attentifs à ce que fait le chef, et l'on a même pu montrer qu'ils sont prêts à sacrifier des plaisirs substantiels comme le jus de pomme dont ils raffolent, uniquement pour pouvoir passer du temps à visionner des photos de ces personnages de haut rang de leur groupe[11]. La fascination pour les célébrités est donc un trait caractéristique des primates, qui se manifeste déjà bien avant l'émergence de l'humanité. Elle révèle une affinité puissante du cerveau pour tout ce qui se passe en termes de hiérarchie et de comparaison sociale au sein d'un groupe.

L'essentiel, c'est de gagner

Chez nous autres humains, les choses ressemblent d'assez près à ce qui vient d'être décrit. La pulsion de comparaison sociale est étudiée en laboratoire, par exemple dans des situations de jeu où des individus sont amenés à s'affronter en duels, comme dans des calculs mentaux. Lors de ces matchs virtuels, un vainqueur est désigné à l'issue de chaque rencontre. La réaction des autres participants est observée avec soin. On s'aperçoit qu'ils ne perdent pas une miette de ce qui se passe, et si l'on mesure l'activité de leur cerveau, on constate alors que leur circuit de la récompense, et notamment le fameux striatum, s'illumine fortement. C'est même le noyau accumbens qui entre en action, c'est-à-dire celui que les rats d'Olds et Milner stimulaient dans leurs expériences[12]. Conclusion : le fait de voir gagner un individu dans une compétition entraîne une stimulation positive pour le cerveau et nous incite à redoubler d'attention.

L'activation du striatum reflète un comportement susceptible d'augmenter la survie d'un individu ou sa capacité à transmettre ses gènes. Mais quel avantage vital pourrait apporter le fait d'avoir du plaisir à regarder un individu gagner contre un autre ? En fait, cet avantage est essentiel. Savoir repérer avec acuité et fiabilité les leaders de bande a probablement été une condition de survie dans notre passé évolutif, pour former des alliances capables de surmonter les dangers et de rapporter de la nourriture. Cette fascination pour les duels est une constante de nos comportements individuels et collectifs, et draine une quantité incroyable d'argent aujourd'hui dans l'industrie médiatique, autour des compétitions sportives.

Évidemment, rien ne procure autant de plaisir que de sortir soi-même vainqueur d'une confrontation. Or ce sont exactement les mêmes parties ventrales du striatum qui entrent en action lorsque nous améliorons notre rang social par une victoire, et lorsque nous voyons un tiers dominer ses semblables. C'est ce qui s'observe par exemple chez des personnes remportant des compétitions de jeux vidéo (ce dispositif est privilégié lors des expériences de neurosciences, car il serait plus difficile de placer un joueur de tennis dans une IRM pendant qu'il joue la finale de Wimbledon)[13]. Les êtres humains recherchent la victoire car elle les met au cœur d'une hiérarchie qui va leur apporter de multiples avantages : revenus matériels, ressources alimentaires, soins, accès à des partenaires sexuels, possibilité de se reproduire.

Pour chacun d'entre nous, il est essentiel de se comparer à d'autres êtres humains : les mêmes expériences révèlent que l'activité du striatum ne se manifeste que si l'on gagne contre un autre humain, et non contre une machine ; les joueurs vidéo qui remportent des parties contre un logiciel n'activent pas leur striatum. Ce qui compte, c'est le classement. C'est la comparaison. Ce n'est pas de réussir le jeu, c'est de monter dans la hiérarchie. Il y a quelques années a été découvert un senseur de dominance dans notre cerveau, qui nous informe du rang de notre adversaire dans la collectivité à laquelle nous appartenons, et qui stocke l'historique de ses victoires et des défaites. En d'autres termes, nous passons notre temps à nous situer par rapport aux autres. Les psychologues appellent ce phénomène la comparaison sociale.

La comparaison sociale est un ressort puissant de nos comportements, et est profondément ancrée dans nos gènes ainsi que dans notre fonctionnement mental depuis des centaines de millénaires. La raison en est simple. Les personnes aiguillonnées par une forte comparaison sociale sont certes toujours sur le qui-vive, jamais contentes, angoissées à l'idée de ne pas être au faîte de la hiérarchie, et peuvent passer leur vie à vouloir s'élever dans la société. Mais de fait, elles auront accès à plus de biens matériels, de pouvoir et de sexe que les autres. Et, mathématiquement, sur de larges échantillons de population, leurs gènes seront favorablement sélectionnés, transmettant par la même occasion l'attrait pour le pouvoir et le statut social.

Cette sélection semble s'être opérée dès les débuts de l'humanité. Notre plus lointain ancêtre Toumaï, un primate bipède qui vivait voici sept millions d'années, mesurait environ un mètre de hauteur pour une quarantaine de kilos et était déjà omnivore, avec une préférence pour les fruits[14]. Il vivait en groupe de quelques dizaines d'individus mené par un mâle dominant, lui-même secondé par un petit groupe d'amis de confiance, lesquels décidaient des mouvements de la troupe et assuraient sa défense contre les groupes hostiles. L'espèce présentait déjà un dimorphisme sexuel, les femelles étant plus petites et moins fortes physiquement que les mâles. Trois ou quatre millions d'années plus tard, l'australopithèque Lucy et ses congénères sont un peu plus grands et plus lourds, et les mâles pratiquent la polygynie : chacun est lié à plusieurs femelles qu'il garde et protège, constituant de petits harems. Ce schéma d'organisation où des individus de haut rang accèdent à des femelles reproductrices en raison de leur statut a-t-il perduré jusqu'à la lignée des *Homo sapiens* à laquelle nous appartenons ? Notre espèce a vu le jour il y a environ trois cents mille ans, et pendant toute cette période, les humains ont vécu de chasse et de cueillette. On dénombre encore de par le monde quelques dizaines de sociétés qui perpétuent le mode de vie des chasseurs-cueilleurs, antérieur à l'agriculture et la sédentarisation. En analysant l'ensemble des études anthropologiques réalisées sur ces sociétés, deux chercheurs des universités de Richmond et d'Atlanta ont récemment mis en évidence un lien statistique entre, d'une part, divers marqueurs de statut social et, d'autre part, le nombre de descendants des individus de sexe masculin dans ces groupes. Les chercheurs avaient pris en compte plusieurs marqueurs de rang social que sont la qualité physique (force, taille, combativité), l'intelligence, l'aptitude à la chasse et l'influence (relations, politique, leadership). La corrélation entre statut social et descendance est apparue comme un phénomène stable et significatif, quoique moins fort que chez les chimpanzés [15].

Ces études anthropologiques de grande ampleur semblent établir qu'au cours de la longue période durant laquelle se sont ancrées les structures cérébrales des hommes modernes, l'envie de dominer a constitué un avantage reproductif. Ce qui signifie qu'elle avait tendance à se répandre, du fait que les individus les plus intéressés par le pouvoir disséminaient davantage leurs gènes dans la population. Pour nous, la conséquence est directe : nous sommes probablement tous dotés aujourd'hui de ces gènes qui poussent à rechercher un statut social important.

Descendants de violeurs

Que s'est-il passé ensuite ? La révolution agraire, vers dix mille ans avant notre ère, semble avoir accentué cet effet. Avec l'invention de l'agriculture, l'homme s'est sédentarisé et a accédé à la possession de biens fonciers, immobiliers, alimentaires et financiers. Le tout s'accompagnant d'inégalités importantes qui ont structuré des sociétés à strates, où les rangs sociaux étaient nettement plus marqués que durant la longue période antérieure. Dans ces conditions, les humains pourvus d'un désir de pouvoir accru répandaient leurs gènes à une vaste échelle. De plus en plus de leurs descendants ont reçu ces gènes en héritage, produisant des cerveaux avides de hiérarchie.

Plus tard encore, vers la fin du néolithique et le début de la période historique, les premiers territoires placés sous le contrôle de pouvoirs politiques virent le jour, gouvernés par des chefs puissants et riches. Et, du même coup, capables de répandre leurs gènes comme jamais personne auparavant. Des sultans comme Mouslay Ismaël dit le sanguinaire, au Maroc, ou des empereurs de la dynastie chinoise avaient plus de cinq cents concubines favorites qui, si elles n'étaient pas toutes des épouses officielles habilitées à perpétuer la dynastie, n'en transmettaient pas moins des centaines de copies des gènes de leur empereur[16]. Lorsque les guerres et les conquêtes s'en mêlaient, ajoutant au statut du protocole et de la richesse celui de la puissance militaire, les effets s'en trouvaient démultipliés. Grâce à des études génétiques de grande ampleur menées sur l'ensemble du continent asiatique, les scientifiques ont par exemple réussi à retracer toute la descendance du chef mongol Gengis Khan, et à établir ainsi que ce général a engendré, au cours de ses conquêtes, environ 0,5 % de la population mondiale par le biais de milliers de viols perpétrés sur des femmes qui lui étaient réservées, eu égard à son rang[17,18]. Aujourd'hui, une personne sur deux cents à la surface de la Terre est probablement un descendant direct de Gengis Khan. Cela fait tout de même environ trente-cinq millions de personnes dans le monde.

La mécanique sinistre du striatum ne s'arrête pas là. Vous avez probablement compris que l'intérêt pour le statut social n'a aucune chance de décliner, aussi longtemps qu'un statut social élevé confère un avantage en termes de reproduction. Cela signifie que toute mutation génétique au sein d'une population (et il s'en produit en permanence, sous forme de mutations ponctuelles des nucléotides constituant la double hélice d'ADN, ou par simple recombinaison des chromosomes au cours de la reproduction sexuée) qui se traduit par un striatum fortement intéressé par le statut social aura tendance à se répandre car cette mutation se matérialise par une descendance plus nombreuse que d'autres variantes génétiques moins assoiffées de pouvoir.

Un poisson qui aimait le sexe

Le lien entre statut social et succès reproductif a été observé dans de nombreuses espèces de primates ainsi que dans les sociétés humaines de chasseurs-cueilleurs (comme nous le verrons, cela n'a rien de péjoratif, et les sociétés modernes de consommateurs-pollueurs font exactement la même chose). Conformément à ces observations, les neuroscientifiques ont découvert que le pouvoir renforce littéralement le striatum, la partie du cerveau sensible au plaisir sexuel. Mais chez d'autres espèces animales, les scientifiques sont allés plus loin en identifiant des gènes qui convertissent le statut en puissance sexuelle. Un exemple très parlant nous est donné par le petit poisson Burtoni, de la famille des cichlidés. Ces très jolis poissons d'une quinzaine de centimètres de long, originaires des cours d'eau d'Afrique centrale, aux couleurs variées allant du violet au jaune en passant par le turquoise, sont de véritables boules d'agressivité qui passent un temps considérable à établir leur rang de dominance en se livrant des combats entre mâles. Lors de ces combats, ils cherchent à se mordre les nageoires ou la bouche, exécutant des figures d'une extrême rapidité, se jaugeant comme des catcheurs jusqu'au moment où l'un d'entre eux prend le dessus et met son adversaire en fuite. En général, après quelques minutes de confrontation, l'un des deux mâles bat en retraite et le vainqueur occupe la place.

Ce qui se passe chez un Burtoni qui vient de remporter un combat est alors particulièrement spectaculaire. Sa couleur se met à changer, adoptant des tons jaunes ou bleus éclatants, pendant que son front se pare de stries sombres et que sa nageoire postérieure laisse apparaître des points orange vif. Mais surtout, c'est dans son cerveau que tout se réorganise. Les chercheurs ont réussi à détailler ces modifications à l'échelon moléculaire[19] : en moins de vingt minutes, un gène spécial s'active dans une partie de son cerveau appelée hypothalamus, provoquant la libération d'une hormone sexuelle, la gonadostimuline – qui, comme son nom l'indique, stimule les gonades, ou organes sexuels. Les neurones qui produisent cette hormone grandissent, leurs ramifications deviennent plus denses et plus touffues. Pendant le même temps, les testicules grossissent et produisent des spermatozoïdes à un rythme accru. Voilà notre mâle équipé pour disséminer ses gènes au maximum. Mais chez le vaincu, c'est l'inverse qui se produit : tout ce système neuroendocrine se replie sur lui-même et se traduit par une réduction de la taille des testicules.

Un phénomène du même ordre est observé chez les souris. Dans des expériences, les scientifiques réunissent pendant un mois deux souris mâles dans une cage. Durant ce temps s'établissent progressivement des rapports de dominance entre les deux rongeurs[20], l'un prenant l'ascendant sur l'autre et acquérant le statut de dominant, pendant que l'autre se cantonne dans le rôle de subalterne. À l'issue de cette phase préliminaire, des femelles sont introduites dans la cage. Trois semaines plus tard, des souriceaux naissent. Et l'écrasante majorité d'entre eux portent les gènes du mâle qui s'est imposé comme le dominant lors de la phase préliminaire. Il se trouve que, dans bien des cas, les deux mâles ne se sont même pas battus. En réalité, la fertilité biologique du mâle en position dominante a tout simplement augmenté.

Le striatum de Harvey Weinstein

En vertu de cet effet, il faut s'attendre à ce que les hommes les plus influents aient aussi plus d'enfants et tendent à répandre leurs gènes. Est-ce le cas aujourd'hui ? La réponse est oui. Les recherches en anthropologie font apparaître que les hommes de statut social élevé ont généralement plus de rapports sexuels et plus de partenaires que les hommes de statut socio-économique moins élevé. Cette donnée émerge d'une vaste étude menée aussi bien dans les sociétés modernes occidentales que d'autres régions du monde, et dans les sociétés anciennes de diverses époques. Certains de ces travaux montrent par exemple qu'aux États-Unis le nombre d'enfants qu'a un homme est corrélé statistiquement à son revenu, si bien que plus un homme a des revenus élevés, plus il a de chances d'avoir un grand nombre d'enfants[21]. Chez les femmes, les scientifiques observent la corrélation inverse, à savoir que les femmes de plus haut revenu ont statistiquement moins d'enfants que celles de revenu plus modeste.

Le même fait est constaté par des recherches réalisées dans la Grande-Bretagne et la Suède contemporaines, mais plus loin de nous également dans les communautés mormones du XIXe siècle ou, à des époques plus reculées au XVIe siècle en Angleterre, dans des communautés pour lesquelles on dispose d'archives concernant les ressources financières et la natalité[22]. Dans ces conditions, les hommes riches accroissent leur descendance de trois façons : en sélectionnant des épouses plus jeunes et plus fertiles, en ayant davantage de relations extraconjugales ou de partenaires lorsqu'il s'agit de sociétés polygynes, et en assurant de meilleures conditions de survie matérielle à leur descendance.

Parfois, les femmes cherchent elles-mêmes un partenaire ayant des revenus élevés et une situation sociale confortable. C'est ce que montrent des études transcontinentales ayant pris en compte jusqu'à trente-sept cultures d'Afrique, d'Europe occidentale, d'Europe de l'Est, d'Amérique du Nord, d'Amérique du Sud, d'Asie et d'Océanie[23]. Mais bien souvent l'emprise masculine prend la forme de la violence, du harcèlement, du chantage et de la domination. L'affaire Harvey Weinstein, révélée en 2017, a montré ce que produisait un striatum débridé : un sinistre cocktail de pouvoir et de sexe. Avec la libération de la parole des femmes, on a découvert que le même schéma se répétait partout dans le monde ; un homme influent abuse de sa situation, de son pouvoir ou de son prestige pour s'octroyer des faveurs sexuelles. Comme en 2018, à l'occasion du gala du « Club des présidents », soirée donnée en Grande-Bretagne par un fonds caritatif d'aide aux hôpitaux pour enfants. Des chefs de grands groupes financiers et industriels, mais aussi des personnalités politiques britanniques s'enfermaient avec des hôtesses obligées de porter des sous-vêtements visibles, des habits transparents et des talons hauts sexy, et soudain exposées à un harcèlement continuel, à des attouchements, des invitations à se retirer dans les chambres et des demandes explicites de prostitution. Ces réunions organisées pour de nobles causes impliquaient des personnalités politiques éminentes, dont un membre du ministère de l'Éducation[24]. Hommes intouchables, au pouvoir considérable, réunis en clubs de mâles alpha. Striatums gonflés de dopamine. La réalité biologique et anthropologique associant le statut social au sexe éclatait au grand jour et, pour la première fois, suscitait une sidération profonde. L'étendue du problème semblait immense.

Un cerveau construit pour dominer

Nous venons de prendre la mesure d'un problème de taille. L'avidité pour le prestige, les situations de domination, les situations sociales conférant des privilèges, est un ressort vieux comme le monde, et pour ainsi dire indestructible. Cette mécanique obstinée menace aujourd'hui de nous asphyxier, non seulement en polluant les rapports entre les sexes, mais aussi en causant des dégâts profonds sur nos modes de vie et sur notre environnement. La comparaison sociale, logiciel par défaut qui équipe tous nos cerveaux (surtout ceux des hommes), crée un conditionnement. Prenez le quotidien de millions de personnes au travail. Par quoi sont-elles préoccupées ? Par le fait de toucher un salaire décent – et, si possible, élevé – mais surtout, un salaire *supérieur à celui de leurs collègues*. La majorité des enquêtes montre que ce n'est pas tant le salaire absolu qui compte – du moment qu'il permet de vivre décemment – mais le salaire relatif[25]. Nous sommes satisfaits lorsque nous recevons plus que les autres, à tel point que cela influe sur notre niveau de bien-être et même sur notre santé[26]. Évidemment, les sociologues et certains économistes pourront soutenir que c'est le résultat d'un modèle social libéral qui fait la part belle à la libre concurrence et à la compétition entre individus et entreprises, de sorte que l'envie de posséder plus que le voisin est avant tout un conditionnement culturel qui n'a rien d'immuable et disparaîtrait pour peu qu'on opte pour des modèles sociaux mettant l'accent sur la répartition des richesses. C'est possible. Mais si le modèle libéral réussit si bien, c'est peut-être en partie parce qu'il caresse le penchant naturel dans le sens du poil. En effet, il existe une force profonde qui nous pousse à vouloir disposer d'avantages que les autres n'ont pas. Tout comme les rats d'Olds et Milner, nous subissons des décharges de dopamine et de plaisir dans notre striatum lorsque nous recevons une somme d'argent qui s'avère supérieure à celle de notre voisin (et non quand nous recevons cette même somme sans base de comparaison sociale)[27]. Lorsque des scientifiques organisent des sortes de jeu de Monopoly lors desquels les participants peuvent obtenir des récompenses financières, ils constatent que le circuit du plaisir s'allume uniquement lorsqu'une personne reçoit plus d'argent que ses concurrents[28]. Ce fonctionnement neuronal est gravé dans le disque dur de notre cerveau, dans ses étages les plus profonds, il était déjà à l'œuvre il y a huit millions d'années chez nos ancêtres communs du miocène et s'est diffusé dans toute la lignée des primates.

Ainsi, des neurones dont le rôle unique est de réaliser des comparaisons sociales ont été découverts chez les singes rhésus. Ces primates dont le poids atteint une dizaine de kilos peuplent toute la partie de l'Asie entre l'Inde et la Chine, y compris dans les régions montagneuses. Ils sont très sociaux et vivent en groupes d'une cinquantaine d'individus. Si vous placez deux rhésus face à face devant une table munie d'une tablette tactile qu'ils peuvent manipuler pour obtenir des rations alimentaires savoureuses, et si les rations sont distribuées de façon inégalitaire, vous verrez s'allumer dans le striatum du singe recevant la meilleure part des neurones spécifiques logés à l'avant du striatum, là où sont libérées les plus fortes concentrations de dopamine[29]. Ce n'est évidemment pas le cas dans le cerveau du singe qui reçoit la ration la plus faible, lequel montre des signes de frustration ou d'abattement.

Mais le fait le plus important est le suivant : ces neurones, qui représentent environ un cinquième des cellules nerveuses du striatum, réagissent *uniquement* à la comparaison sociale, et pas du tout à la valeur intrinsèque de la récompense que le singe reçoit. Si le singe obtient deux cacahuètes alors que son vis-à-vis n'en reçoit qu'une seule, les neurones de son striatum entrent en activité et lui donnent du plaisir sous forme de décharges de dopamine. Mais si le singe reçoit mille cacahuètes et son voisin seulement une de plus, ses neurones resteront muets. En quoi les humains diffèrent-ils ? Certes, ils ont créé des civilisations, des palais et des cathédrales, des ponts et des voies romaines, mais Jules César disait toujours : « Je préfère être le premier dans mon village que le deuxième à Rome. » Le striatum n'a pas changé depuis le macaque, même si le reste de notre cerveau a évolué, même si le puissant cortex de César et des architectes romains a déployé des empires, érigé des autels et civilisé l'Europe. Le moteur fondamental restait l'ambition et la domination. Et il se jouait dans quelques centimètres cubes de matière neuronale dans le cerveau d'un homme.

Il faut toutefois reconnaître que, sans ce moteur dont le carburant est le sexe et le pouvoir, aucun empire n'aurait vu le jour et peut-être aucune symphonie n'aurait été composée. Car l'envie de se hisser au-dessus des autres constitue à elle seule un aiguillon fantastique. Notre époque a érigé cette pulsion en valeur cardinale à travers l'olympisme, dont la devise est « plus vite, plus haut, plus fort ». Et tout comme les macaques aux mille et une cacahuètes, un athlète qui bat le record du monde lors d'une finale olympique n'a plus que ses yeux pour pleurer s'il se fait souffler la victoire d'un centième de seconde par un rival et se retrouve sur la deuxième marche du podium. Ainsi le veut l'étoffe des neurones.

Sans même parler du haut du panier où s'ébattent les individus hyperperformants, toute notre société repose sur une foule d'indices révélant le statut social : marque des chaussures que vous portez à l'école dès le plus jeune âge, restaurants que fréquentent vos parents, destinations de vacances prisées, quartier où vous habitez, statut de cadre ou d'employé... Dans les sociétés d'Europe occidentale, on recouvre parfois ces signes d'un voile de fausse pudeur, mais dans l'immense majorité des pays du reste du monde, les frontières sont souvent très tranchées, et prennent parfois la forme de véritables castes. Dans les cités défavorisées des pays riches, les jeunes en décrochage scolaire s'accrochent encore à ce dernier viatique : la paire de chaussures Nike ou le sac Louis Vuitton qui permettent, tant bien que mal, d'afficher un semblant de statut social.

Striatum musclé

Nous voilà arrivés au nœud du problème. Pour nous sentir dominants, nous sommes prêts à faire beaucoup d'efforts, et nous ne nous préoccupons pas de savoir si cela aura un impact négatif, à terme, sur le monde dans lequel nous vivons. Au moment où nous achetons une grosse voiture polluante ou un téléphone portable qui l'est tout autant, nous ne nous demandons pas si, dans vingt, trente ou quarante ans, cela se traduira par de moins bonnes conditions de vie pour les générations futures. La seule chose que nous retenons, c'est que cela fait du bien. Nous vivons une bouffée d'euphorie et notre cerveau se reconfigure pour nous faire sentir ce que c'est que d'être plus haut que les autres.

Il se reconfigure, car lorsque vous grimpez d'un échelon dans la hiérarchie sociale, vos gènes se mettent en effet à produire une quantité de protéines qui, dans vos neurones, s'associent à la dopamine et en décuplent les effets. En fait, ces protéines sont indispensables pour que la dopamine exerce sa fonction. En 2010, des chercheurs du département de psychiatrie de l'université Columbia de New York ont fait une découverte explosive : ils ont mesuré le statut socio-économique de milliers de personnes par des questionnaires standardisés tenant compte du niveau d'études, du type d'emploi occupé et des revenus perçus, puis ont fait passer tous ces gens dans des scanners pour mesurer leur taux de récepteurs de la dopamine. Ils se sont alors aperçus que, plus le statut social d'un individu était élevé, plus son cerveau contenait de récepteurs de la dopamine. C'était incroyablement simple : les individus les plus influents et les plus prestigieux avaient des striatums plus « musclés » que ceux de statut intermédiaire, qui avaient à leur tour des striatums plus riches en récepteurs de la dopamine que les personnes de statut modeste. Ce constat laisse planer une hypothèse forte sur le lien qui unit le statut social et l'activité sexuelle : ayant un striatum plus actif, les « dominants » tendent à assouvir davantage d'envies sexuelles car celles-ci sont dictées par la même structure cérébrale [30].

Piégés par le luxe et le besoin de statut

Devant ces découvertes, la question s'est vite posée : certaines personnes ont-elles *naturellement* un striatum développé qui les pousserait à briguer, plus que les autres, une situation sociale avantageuse, ou bien est-ce au contraire le fait d'occuper une situation prestigieuse qui développerait le striatum ? La réponse est que le striatum est malléable : monter ou descendre d'un cran dans la hiérarchie sociale enrichit ou appauvrit cette structure cérébrale en récepteurs de la dopamine. Certes, cela n'a pas été testé sur des êtres humains pour des raisons éthiques évidentes : qui voudrait faire l'expérience de licencier des gens pour savoir si cette régression sociale s'accompagnait d'une perte de récepteurs de la dopamine ? Mais ces situations se produisent d'elles-mêmes très fréquemment chez les primates, lors des conflits entre mâles. Au gré des victoires et des défaites, des individus de rang élevé descendent dans la hiérarchie, alors que d'autres s'élèvent. Et cela a un impact sur leur cerveau. Ainsi, quand un macaque monte en grade au sein de sa troupe, son striatum se renforce[31]. À l'inverse, un mâle en déroute voit l'activité de son striatum s'étioler dans les jours et les semaines qui suivent. Cette partie du cerveau s'adapte donc au changement de statut du singe et inscrit son nouveau statut dans son cerveau. Ses neurones vont lui dire dorénavant quel nouveau rôle il va devoir jouer, et quelle nouvelle position il devra assumer dans la société. Jusqu'à la prochaine confrontation.

Songez à la dernière fois que vous avez connu une importante promotion, ou un succès professionnel qui a changé votre rayonnement ou votre statut parmi vos cercles de pairs. Vous vous êtes probablement senti pendant un court instant dans la peau d'une autre personne. De nouvelles responsabilités vous incombaient, le regard des autres sur vous semblait différent, et votre pouvoir d'action était étendu. Ou peut-être avez-vous aussi connu ce sentiment en vous offrant un des attributs habituellement associés au standing social, comme une belle montre, ou une jolie auto, un sac à main Versace ou le dernier iPhone. Cela paraît certes un peu superficiel, mais il faut bien admettre la réalité. En 2002, une équipe de chercheurs en neurosciences de l'université d'Ulm en Allemagne a étudié le cerveau d'hommes adultes face à de tels attributs de rang social. En l'occurrence, il s'agissait de voitures de sport. Les neuroscientifiques ont constaté qu'à la vue des automobiles, la partie ventrale (inférieure) de leur striatum s'activait fortement, de même que deux zones du cortex avec lesquelles celui-ci établit des connexions, le cortex orbitofrontal et le cortex cingulaire antérieur[32]. Autrement dit, l'effet des voitures de sport sur le cerveau était identique à celui d'une augmentation de statut social. Finalement, c'est ce que nous observons autour de nous : chez *Homo sapiens*, l'envie de statut social se manifeste par l'acquisition de signes extérieurs artificiels, comme des chaussures, des voitures, des téléphones ou le fait de dîner dans les meilleurs restaurants ou d'assister aux concerts les plus prestigieux. Un teint hâlé acquis sous de lointaines latitudes, au cœur de l'hiver, permet de rehausser son image auprès de ses collègues ou amis, à plus forte raison s'il a fallu parcourir quinze mille kilomètres en quelques heures pour trouver un peu de chaleur à l'autre bout du monde. Quant aux millions de personnes qui ne peuvent s'offrir un vol pour les Seychelles, elles pourront se parer de couleurs semblables en s'agglutinant sur les côtes sablonneuses, à condition de bien se protéger le corps à l'aide de crèmes solaires qui, sait-on aujourd'hui, détruisent les coraux[33] et bloquent la croissance du phytoplancton qui est à la base des chaînes alimentaires marines[34]. Ainsi, à chaque seconde qui passe, environ un litre de crème solaire se déverse dans les océans, et parmi cette quantité un quart (cinq mille tonnes par an) est absorbé par le corail.

Finalement, notre situation d'hyperproduction et d'hyperconsommation résulte d'une rencontre fatale entre, d'une part, des millions de cerveaux humains en attente de statut social et, d'autre part, un appareil industriel pour la première fois capable de fournir à chacun dix paires de chaussures, trois ordinateurs, tablettes ou portables, une ou deux voitures tous les cinq ans dans des versions « suréquipées » avec radar et caméra de recul, Bluetooth, écran tactile, climatisation, GPS, assistance automatique à la manœuvre, créneau automatique, et autant d'appareils ménagers pendant la même période, des salons équipés de volets roulants automatiques et le bouquet de chaînes de la TNT plus les chaînes du câble, mais la liste est sans fin. La catastrophe consumériste dans laquelle nous sommes engagés n'existerait pas sans ces deux ingrédients : le cerveau d'un primate et la technologie d'un dieu.

Cette bombe nous explose en pleine figure aujourd'hui pour une raison très simple : pendant des milliers d'années, l'homme a rongé son frein. Les signes de statut social ont été réservés à une élite, souvent appelée noblesse, puis haute bourgeoisie. Tout a changé au cours du XXe siècle dans les pays industrialisés, quand la notion de bien-être s'est démocratisée et que, dans le même temps, les progrès de l'industrie ont permis la production en chaîne de biens de confort mais aussi de luxe et de prestige.

Consommer pour exister

Il n'a pas fallu longtemps pour convaincre les striatums frustrés de millions de subalternes de se hisser dans la hiérarchie sociale. À ses débuts, ce besoin était surtout ressenti par les patrons d'industrie soucieux d'écouler leur marchandise (en priorité, des automobiles et des appareils électroménagers) auprès d'un public de consommateurs suffisamment étendu, afin d'éviter l'engorgement des chaînes de production. Il fallait persuader les citoyens d'acheter et consommer des produits dont ils n'avaient pas besoin. Les convaincre qu'il était nécessaire d'avoir une Ford Mustang à six cylindres, un transistor à changement de fréquence ou un poudrier compact, pour reprendre les standards de l'époque. Pour cela, on activa le besoin de statut social.

L'histoire de cette campagne de persuasion est détaillée par Jeremy Rifkin, économiste conseiller de Bill Clinton puis de la Commission européenne, dans son ouvrage *La Fin du travail*. Rifkin explique comment, à partir des années 1920, le discours publicitaire insista justement sur la comparaison sociale. Pour amener chaque foyer américain à se procurer une automobile puissante et luxueuse alors que la sienne était amplement suffisante et que de toute façon les limitations de vitesse rendaient totalement abscons un moteur de cent quatre-vingts chevaux, les slogans firent vibrer la corde de l'envie et du statut : « Savez-vous que votre voisin possède déjà la Buick 8.64 sport roadster ? »

Cette stratégie s'est avérée diablement efficace. Sans le savoir, les cabinets de publicitaires avaient libéré la force profonde de nos cerveaux, une énergie primate ancienne, capable de faire tourner toute une économie. Le principe d'action de cette nouvelle incitation à consommer était presque miraculeux car il supposait une escalade permanente. Lorsque tout le monde possède un certain type de produit sophistiqué, le seul moyen de gagner un petit cran de statut supplémentaire est de s'en procurer d'encore meilleurs. Charles Kettering, alors vice-président de General Motors, déclarait ainsi dans les années 1920[35] : « La clé de la prospérité économique, c'est la création d'une insatisfaction organisée. » Le même principe était énoncé quelques années plus tard par l'économiste John Galbraith, pour qui l'économie avait pour principale mission de « créer les besoins qu'elle cherche à satisfaire ».

En 1929, Herbert Hoover, alors président des États-Unis, commanda un rapport sur les changements dans l'économie, dont Rifkin livre un extrait dans *La Fin du travail* :

L'enquête démontre de façon sûre ce qu'on avait longtemps tenu pour vrai en théorie, à savoir que les désirs sont insatiables ; qu'un désir satisfait ouvre la voie à un autre. Pour conclure, nous dirons qu'au plan économique un champ sans limites s'offre à nous ; de nouveaux besoins ouvriront sans cesse la voie à d'autres plus nouveaux encore, dès que les premiers seront satisfaits. [...] La publicité et autres moyens promotionnels [...] ont attelé la production à une puissance motrice quantifiable. [...] Il semble que nous pouvons continuer à augmenter l'activité. [...] Notre situation est heureuse, notre élan extraordinaire.

Les experts mandatés par Hoover avaient analysé la situation avec une acuité stupéfiante. Chaque mot qu'ils ont couché sur le papier décrit la dynamique du « toujours plus », qui est devenue le credo de l'économie de marché. Voilà maintenant près d'un siècle que cela dure. Un siècle durant lequel le point de surconsommation de la planète a graduellement augmenté, jusqu'à basculer dans le négatif au début des années 1980. Au point que, lorsque le chiffre d'affaires du secteur textile semble s'essouffler comme c'était le cas au début de l'année 2018, les professionnels du secteur parlent de limiter les soldes à certaines périodes ciblées afin de « créer l'urgence d'acheter, augmenter l'impatience pour les produits[36] ». Jusqu'à des inventions comme le Black Friday, opération qui a vu s'écouler cinquante-huit milliards de dollars de vêtements, chaussures et cosmétiques en une semaine. Le citoyen des pays industrialisés achète aujourd'hui 60 % d'habits en plus qu'en 2000 et les conserve deux fois moins longtemps, comme l'a révélé une étude de l'Institut McKinsey en 2017. Certaines régions du monde sont de véritables bombes à retardement qui vont voir s'exprimer d'un coup le désir de statut social de millions d'individus. En Chine, le nombre d'automobiles vendues a été multiplié par sept entre 2005 et 2015[37], et atteint actuellement le rythme d'un véhicule par seconde. Avant que vous ayez terminé cette phrase, environ douze à quinze Chinois seront déjà passés chez leur concessionnaire pour récupérer les clés de leur prochain Hummer ou de leur berline, comme c'est le cas dans le grand centre de la marque Mini Cooper, s'étendant sur neuf mille mètres carrés dans l'ouest de Pékin. Pour eux, l'objet voiture est essentiel pour acquérir du statut. Pour Michael Dunne, directeur d'un cabinet de conseil en investissement pour le secteur automobile en Asie, les Chinois font de l'automobile une question de rang social, dans une société où il s'agit désormais de s'élever le plus possible : « En Chine, la voiture est avant tout une question de statut social : "Regardez-moi, regardez ma nouvelle voiture", est le mot d'ordre. Ce que cherche le consommateur, c'est le frisson d'excitation ressenti en passant en voiture devant son hôtel, son club de golf ou son lieu de travail, en y étant vu et reconnu[38]. »

Ma voiture, mon téléphone

Aujourd'hui, le seuil de cette surexploitation n'en finit plus de reculer, nous brûlons notre propre navire à seule fin de pouvoir hisser la tête un peu plus haut par-dessus l'épaule du voisin, ou du moins ne pas se laisser distancer par le gros du peloton. En 2018, des publicités pour la marque Mercedes font explicitement appel à cette envie d'avoir ce que l'autre n'a pas : « Vous partagez tout sur les réseaux sociaux, mais il y a une chose que vous ne partagerez pas, c'est l'annonce sur la réduction spéciale offerte jusqu'au 31 janvier sur le modèle avec boîte automatique. Quand vous comprendrez qu'à ce prix vous pourrez vous offrir la Mercedes de vos rêves, on verra si vous partagerez cette information sur les réseaux sociaux. » Sous-entendu : vous serez le seul à en profiter. Même refrain chez une autre enseigne : « Cela fait plusieurs semaines que vous convoitez la Peugeot 308 de votre meilleur ami, susurre une publicité radiophonique au mois de janvier. Alors filez vite chez votre concessionnaire pour profiter de nos offres exceptionnelles. » Ici, il s'agit de se saisir d'une opportunité d'afficher un statut social tout en s'assurant que le « meilleur ami » ne sera pas en situation d'en faire autant, ou de prendre le taureau par les cornes pour éviter d'être dévalorisé par rapport aux autres. Le fait que le moyen d'y arriver soit de s'offrir une nouvelle automobile, c'est-à-dire un produit industriel qui représente le premier facteur d'émission de gaz à effet de serre, ne nous gêne pas le moins du monde au moment de vouloir nous sentir plus importants. Nous nous moquons éperdument de l'avenir de l'humanité lorsqu'il s'agit de notre petit futur Porsche, pardon proche.

Réfléchissez un moment à la vitesse à laquelle les téléphones portables et les smartphones se sont répandus à la surface du globe. Avant ce changement, les êtres humains parvenaient à communiquer efficacement dans le secteur professionnel. Les niveaux de stress dans la société étaient d'ailleurs probablement moins élevés, de même que le taux de chômage. Le smartphone est de ce point de vue l'exemple parfait d'un besoin créé. Pourtant, ce besoin est aujourd'hui devenu tellement impératif que nul ne peut s'en passer. Aujourd'hui, vouloir vivre sans téléphone portable est devenu excessivement difficile, dès l'instant où toutes les autres personnes de votre entourage ont assimilé cet usage. Le simple fait d'être en possession d'un smartphone quelque peu daté, usé ou d'un design moyen, met mal à l'aise un certain nombre de personnes pour qui cet objet est devenu un prolongement d'elles-mêmes et donc un signe essentiel de leur propre valeur.

Écoutez comment les collègues sur votre lieu de travail parlent de leur dernier iPhone ou Android, des applis qu'ils y téléchargent et de toutes les fonctionnalités dont ils disposent, et demandez-vous dans quelle mesure ils projettent ainsi une image avantageuse d'eux-mêmes. La plupart du temps, ces mêmes personnes se présentent comme dotées d'une conscience écologique et ont renoncé à l'usage personnel d'un véhicule essence ou diesel. Elles omettent cependant de dire que la fabrication des smartphones ainsi que l'usage récréatif quotidien des moteurs de recherche et le visionnage de vidéos sur Internet sont générateurs de plus de gaz à effet de serre que le trafic aérien de la planète, avec plus de huit cents millions de tonnes de dioxyde de carbone émis annuellement, un chiffre appelé à doubler d'ici 2020 en raison de la démocratisation des smartphones et la progression des formats graphiques, qui font que 75 % du trafic de données sur Internet est consacré au visionnage de vidéos[39,40]. Mais c'est pour elles un prix bien léger comparé au bien-être que procure le fait de dégainer leur dernier gadget en soirée.

Suivez le chef !

Le besoin de statut social est ancré dans nos neurones. C'est le cas depuis bien trop longtemps pour que l'on puisse espérer que cela s'arrête de sitôt. Notre instinct de primates habitués à mesurer leur existence sur une échelle de prestige, de hiérarchie et de reconnaissance est trop tenace pour qu'il faille compter sur son extinction naturelle. Récemment, des neuroscientifiques de l'université d'Oxford ont posé la question centrale : le besoin de statut social, sur lequel surfent une grande part des publicités, est-il, oui ou non, quelque chose de biologiquement ancré en nous, ou une disposition créée par les conditions matérielles de notre société de consommation ? La théorie de l'ancrage biologique suppose que nous aurions hérité de nos ancêtres primates des structures cérébrales profondes comme le striatum qui tendent à associer le rang social à certains attributs et signes visibles rendant visible ce statut. Les chercheurs ont donc voulu savoir si des singes comme les macaques pouvaient être sensibles à la publicité. À cette fin, ils leur ont fait visionner des logos comme ceux d'une célèbre marque de chaussures ou d'une marque de soda, et ont étudié leurs réactions en leur proposant à chaque fois de cliquer sur des icônes d'un écran d'ordinateur afin de faire apparaître, soit des images neutres, soit des logos de marques[41]. Le constat fut double : initialement, lors des premières visualisations, les logos ne suscitèrent guère d'attention de la part des singes. Mais dès l'instant où ces insignes leur furent présentés en association avec les visages des individus de haut rang de leur propre communauté, ils ont commencé à rechercher ces symboles de statut, en cliquant de manière répétitive sur les icônes permettant de les visualiser. Cette observation est cruciale, car elle signifie que dès le stade du macaque, la préoccupation pour le rang social crée le fondement de la publicité en tant que signe de statut et de prestige. C'est par conséquent quelque chose d'intimement lié au fonctionnement de notre cerveau ancestral.

Ce qui risque maintenant de compliquer sérieusement les choses, c'est que les structures politiques et économiques dont nous sommes dotés encouragent ce penchant, au lieu de le modérer. Nous avons abandonné la bataille contre le striatum depuis plusieurs décennies, et lui avons confié une bonne fois pour toutes les rênes de notre économie. Outre-Atlantique, ce choix a été pris au départ pour conjurer l'angoisse suprême de voir la consommation se gripper, et donc la production, et donc la puissance. Mais par la suite, ce principe de la création des besoins par comparaison sociale a essaimé par la grâce du miracle de la technologie et du confort. Les encouragements à consommer se focalisent aujourd'hui sur l'engouement de masse pour la technologie, qui table largement sur les comportements d'imitation et de mode. (Qui a oublié le slogan *We love technology* d'un célèbre opérateur téléphonique ?) Pour faire bonne mesure, les programmes de développement technologique et les campagnes de lancement des produits de type Apple soutiennent ce discours par l'obsolescence programmée. Il est de plus en plus difficile de conserver un ordinateur, un téléphone ou une tablette en état de marche pendant plus de quelques années. Ce serait possible en théorie, mais le renouvellement permanent des applications se charge de vous faire sentir que vous prenez du retard à chaque mise à jour ratée, à chaque modèle d'appareil auquel vous renoncez. La stratégie du rapport Hoover est toujours d'actualité et n'a pas pris une ride. Pas plus que notre striatum. Mais le progrès de la technologie a amené une nouvelle conséquence que nous n'avions pas forcément prévue : en nous offrant toujours plus de solutions pour alléger notre quotidien, elle a aussi favorisé l'essor du chômage.

La bénédiction du chômage

Parmi les signes caractéristiques de la « crise » dans laquelle nous sommes entrés à l'issue des Trente Glorieuses et dont nous ne sommes jamais vraiment sortis, un mot obsédant résonne comme une rengaine : chômage. C'est le problème de fond, obstiné et inévitable, de nos sociétés. Depuis un demi-siècle maintenant, on se demande quand la fameuse courbe du chômage va s'inverser. Et depuis un demi-siècle, elle ne cesse de progresser. Le chômage est une épine dans le pied des dirigeants, une plaie pour les personnes qui en sont victimes, et un motif d'angoisse sociale généralisée. Mais il y a une chose qu'on ne dit jamais : pour notre cerveau, le chômage est une bénédiction. Le chômage représente, d'un certain point de vue, la plus belle réussite de nos neurones. Car la vérité, c'est que depuis environ cinq cents millions d'années, enfoui au plus profond de notre encéphale, notre striatum cherche fondamentalement à ne rien faire. Et la raison en est simple : un organisme biologique qui minimise ses dépenses d'énergie dans la recherche de ses moyens de subsistance augmente brutalement ses chances de survie dans un environnement hostile. Alors que, au contraire, un organisme qui doit consentir d'importantes dépenses d'énergie pour se nourrir a un bilan plus fragile et se trouve désavantagé, à moins d'obtenir des ressources plus abondantes. Ce qui compte, c'est le rapport entre l'effort fourni et le résultat obtenu.

Notre cerveau passe son temps à calculer ce rapport. Et vous avez deviné qui s'occupe de cela : notre striatum. Par exemple, lorsque vous lisez ce livre, votre striatum évalue constamment si l'effort fourni pour comprendre les notions parfois pointues de neurosciences se justifie par ce que vous en retirez en termes de connaissances ou d'intérêt. C'est pourquoi j'essaie d'expliquer toutes ces choses de façon pas trop compliquée, mais il se pourrait aussi que vous vous arrêtiez avant la fin, même si je vous promettais que vous apprendrez dans un ou deux chapitres des choses passionnantes. La loi du moindre effort est, juste après la loi de l'alimentation maximale, du sexe à gogo et de la domination, un socle fondamental du comportement animal, et même du comportement d'un animal « évolué » comme l'être humain. Et elle est inscrite dans le marbre de votre striatum.

Les neurones de la paresse

Comment fonctionnent les neurones du moindre effort ? Au début des années 2000, plusieurs équipes de recherche ont observé le comportement de rats, de souris ou de singes auxquels il était demandé de réaliser des tâches requérant des efforts plus ou moins importants afin d'obtenir des récompenses également d'intensités variables. Grâce à des méthodes de mesure extrêmement précises consistant à repérer les courants électriques dans les cellules nerveuses du cerveau, les chercheurs sont arrivés à localiser des neurones dans les voies ascendantes qui relient l'aire tegmentale ventrale au noyau accumbens et au putamen[1]. Certains de ces neurones, ont-ils constaté, réagissaient puissamment à la promesse d'une récompense, et ce d'autant plus que le butin convoité était important. Mais d'autres neurones étaient, quant à eux, sensibles à l'effort qu'il fallait déployer pour obtenir cette récompense. Quand l'énergie à dépenser devenait trop importante, ils réduisaient leur activité et allaient parfois jusqu'à s'éteindre.

Lesquels des neurones identifiés par les chercheurs déterminaient si un animal était disposé à produire un effort pour obtenir une récompense ? Les neurones sensibles à la récompense, ou bien ceux réagissant à l'effort demandé ? Aucun des deux ! C'était une troisième classe de neurones, situés dans la même partie du cerveau, qui prenait la décision finale. Ces neurones, connectés aux deux premières classes de cellules nerveuses, réalisaient la vraie mesure du *rapport* entre le coût et le bénéfice, qui est la seule grandeur pertinente du point de vue de la survie de l'organisme. Car il ne sert à rien de se procurer une très grande quantité de nourriture, si cela vous demande un effort deux fois plus important. Les neurones qui tenaient le compte de ces deux aspects agissaient comme des indicateurs du rapport coût-bénéfice. Ce sont de très bons agents comptables : plus le rapport effort-bénéfice augmente, plus leur activité diminue. Et inversement, plus le rapport effort-bénéfice diminue, plus l'activité des neurones augmente.

Pour des rats comme pour des singes, il est très facile de comprendre l'avantage que confèrent de tels neurones. Ces animaux n'auraient pas écumé la surface de la Terre depuis des milliers de millénaires s'ils n'avaient constamment gardé un œil sur ces deux paramètres, l'effort et le bénéfice, qui déterminent la survie ou l'élimination. Lorsqu'on observe l'évolution de la forme du striatum au cours des millions d'années, chez les rongeurs, puis les primates et enfin chez l'homme, on observe toujours les mêmes branchements entre neurones de l'aire tegmentale ventrale et ceux du noyau accumbens, les premiers libérant de la dopamine pour les seconds et leur adressant un message de récompense et de plaisir. Les scientifiques qui étudient les bases nerveuses des comportements humains pouvaient donc s'attendre à ce que les mêmes neurones jouent le rôle de baromètres de l'effort chez nous autres *Homo sapiens*. Ils ont donc entrepris d'examiner plus attentivement ce qu'il en était.

Cette expérience, menée en 2009, révéla que les humains ne différaient en rien de leurs prédécesseurs sur l'arbre de la vie. Dans l'expérience imaginée à l'université d'Oxford par la neuroscientifique Paula Croxson et ses collaborateurs, des volontaires étaient installés dans une IRM mesurant l'activité de leur cerveau et se livraient sur un écran d'ordinateur à des tâches consistant par exemple à amener un curseur le plus rapidement possible sur des croix apparaissant aléatoirement à différents endroits de l'écran. Plus la tâche durait, plus elle était fastidieuse et demandait un effort d'attention visuelle soutenue. Une fois l'exercice terminé, les sujets recevaient une récompense sous forme d'argent, en fonction du nombre de cibles atteintes.

Les organisateurs de l'expérience observaient avec attention ce qui se passait dans leur cerveau, et ils ont vu s'allumer tout particulièrement les neurones de leur aire tegmentale ventrale et de leur noyau accumbens[2]. Ceux-ci présentaient une particularité : leur activité augmentait quand le rapport effort-bénéfice diminuait, c'est-à-dire quand une récompense plus importante était proposée pour un effort moindre. Il existait en réalité trois populations distinctes de neurones. Un premier sous-ensemble réagissait à la quantité d'argent récoltée, et non de l'effort fourni ; un deuxième sous-ensemble réagissait à l'effort, et non à la récompense ; et le troisième groupe de neurones évaluait le rapport entre l'effort et la récompense. La décision finale dépendait uniquement de l'activité de ce troisième groupe de neurones, et non des deux premiers. Comme je l'ai dit, ils étaient localisés dans le striatum, et plus particulièrement dans l'aire tegmentale ventrale et le noyau accumbens.

Travailler moins pour gagner plus

Nous voilà face à un principe très simple qui régit nos décisions quotidiennes, exactement de la même façon que chez un rat ou un macaque. Nous voulons ménager nos efforts, et toute technologie qui œuvre en ce sens est accueillie à bras ouverts. Qui préférerait aujourd'hui ramasser le coton à la main sous un soleil de plomb plutôt que de laisser faire ce travail par une machine ? Qui voudrait usiner des milliers de culasses de berline à la main, là où des robots le font sur les chaînes de montage ? Qui souhaiterait laver tous les jours son linge et sa vaisselle à la main, dès l'instant où un appareil électroménager le fait tout aussi bien, et sans effort ? Depuis quelques décennies, l'homme réalise ce rêve. Il se fatigue moins. Et cela, il le doit à son striatum, qui tient constamment le compte précis des efforts et des récompenses.

Alors, de quoi au juste nous plaignons-nous ? Voilà cinq cents millions d'années que la vie travaille pour atteindre cet objectif, et celui-ci est maintenant à portée de main. Nous pouvons nous rendre au travail sans avoir à marcher des kilomètres, nous pouvons programmer nos habitations pour que le chauffage se mette en route aux horaires souhaités, appuyer sur un bouton pour faire chauffer de la nourriture, pendant que des machines font griller notre pain ou cuire notre viande qui aura été élevée pour nous dans de grandes fermes-usines sans que nous ayons à cavaler par monts et par vaux dans l'espoir d'occire quelque raton laveur, et il nous suffit de tourner une molette de métal pour obtenir autant d'eau potable que nous le souhaitons.

Il suffit de regarder autour de nous pour voir la technologie envahir tous les métiers au point de rendre l'emploi humain progressivement obsolète. Vous avez sûrement vu fleurir dans votre supermarché les caisses automatiques qui remplacent les traditionnels préposés aux caisses. Vous rappelez-vous encore le temps où il y avait des guichetiers dans les gares pour vendre les billets de train ou de métro ? Et celui où vous alliez dans votre librairie discuter avec le vendeur des dernières nouveautés et passer commande d'un ouvrage, au lieu d'appuyer sur le bouton de votre souris d'ordinateur et vous le faire livrer par Amazon ? Bientôt, lorsque la voiture autonome sera devenue notre quotidien (ce qui est anticipé au cours de la décennie 2020-2030), nous pourrons raconter à nos enfants qu'autrefois il y avait des chauffeurs de taxi et un volant.

Ces évolutions liquident des emplois par millions dans le monde. C'est un fait aussi notoire que parfaitement quantifié[3,4]. Le secteur tertiaire est touché, lui aussi, par cette révolution, et peu d'emplois seront à l'abri des algorithmes qui nous facilitent la vie. Combien de bibliothécaires seront remerciés lorsque les systèmes d'archivage automatique auront terminé d'investir tous les établissements, combien d'employés d'accueil des administrations pourront s'inscrire sur les listes des demandeurs d'emploi[5], combien de juristes peineront à trouver une situation lorsque les algorithmes rendront eux-mêmes des verdicts pour des affaires de divorce ou de conduite en état d'ivresse, comme c'est déjà le cas en France avec des intelligences artificielles à l'instar de celles de la société Case Law Analytics[6] ? Les secrétaires médicales sont rayées d'un coup de crayon par les sites du type Doctolib qui proposent de prendre automatiquement rendez-vous avec le praticien de votre choix.

Même les médecins peuvent se faire du souci, maintenant que les aides automatiques au diagnostic sont devenues très performantes. Dans certains services de radiologie, des algorithmes analysent maintenant les clichés avec une précision surprenante. Quant aux aides à la personne, notamment les aides-soignants pour personnes âgées et isolées, elles sont d'ores et déjà partiellement supplantées par les robots domestiques qui font le ménage et la conversation, tout en vérifiant que vous prenez bien votre traitement médical. On en compte aujourd'hui quatre millions en service de par le monde, et la Fédération internationale de robotique en attend trente et un millions pour 2019, en y ajoutant les robots d'entretien domestique[7].

En mai 2017, une étude des universités d'Oxford et de Yale[8] a dressé un état des lieux de la recherche sur l'intelligence artificielle, en recueillant les analyses de trois cent cinquante spécialistes du domaine lors de deux conférences internationales. Cybernéticiens, programmateurs, ergonomes, tous ont livré les résultats de leur expertise pour estimer dans combien de temps des automates seraient capables de remplir diverses professions aujourd'hui exercées par les humains. Dans cinq ans, un robot pourrait plier le linge aussi bien qu'un humain ; dans sept ans, il traduira des textes dans toutes les langues, aussi bien qu'un traducteur amateur – d'ores et déjà, les services de traduction en ligne de Google à destination du grand public livrent des textes largement compréhensibles, et la société Quantmetry prétend avoir réalisé, à l'aide d'une IA, une traduction commercialisable d'un livre de huit cents pages[9]. Une dissertation de lycéen sera réalisée par une machine dans dix ans. Dans quinze, nos vendeurs seront des robots. Déjà, la mode des serveurs automates se développe dans plusieurs établissements d'Europe, comme à Paris où le robot R1B1 connaît un succès étonnant auprès des touristes et des consommateurs[10]. Les spécialistes pensent que dans un quart de siècle, les best-sellers que nous lirons seront en grande partie écrits par des algorithmes. Et c'est vers 2130, d'après cette étude, que tous les emplois seront occupés par des machines.

Tout cela, notre striatum l'a voulu. Il a travaillé pendant des millions d'années pour obtenir ce résultat. De son point de vue, l'opération est une réussite totale. Il peut se frotter les mains, il a gagné sur tous les tableaux. Alors, je répète ma question : pourquoi diable nous plaignons-nous lorsqu'il n'y a plus de travail, puisque c'était finalement ce que nous avons toujours voulu ? Le problème, c'est qu'une autre donnée est apparue, sur l'échelle de temps culturelle et technologique : dans nos sociétés modernes et industrielles, travailler est devenu nécessaire à l'individu s'il désire être doté d'une utilité et d'un rang social. Or, comme nous l'avons vu, le statut social est aussi important pour le striatum que la loi du moindre effort… Conclusion : notre striatum est pris entre deux feux.

Il vit sa première crise interne.

Nouvelle donne sociale

De façon générale, les générations futures vont devoir faire face à une réduction de la charge globale de travail pour les humains. La question qui se posera alors sera : comment faire en sorte que les machines et les algorithmes améliorent notre existence, au lieu de la transformer en champ de ruines ? Depuis près de quarante ans, une option semble avoir été prise et porte le nom de société de loisirs. La société de loisirs, que l'on peut aussi appeler de plus en plus société du divertissement, part du point de vue que les humains ont de moins en moins de travail et qu'il faut donc les occuper. Cela prend la forme de congés de masse, de tourisme, de parcs d'attractions, et surtout d'écrans, dont le premier a été historiquement – et continue d'être pour le moment – la télévision.

La télévision, depuis la fin des années 1960, occupe en moyenne trois heures pleines de chaque journée des citoyens modernes, et cinq heures de temps cumulé si on compte le temps où elle est allumée pendant les repas ou les conversations [11,12]. La télévision hypnotise, en provoquant un réflexe d'immobilité et de passivité appelé réflexe d'orientation [13], mais elle ne confère pas de statut social et génère donc de la frustration pour les humains modernes peu à peu privés de travail. Une nouvelle invention, beaucoup plus intelligente de ce point de vue, a trouvé le moyen d'assouvir ce besoin : il s'agit des réseaux sociaux.

Facebook, Twitter ou Instagram sont des machines à fabriquer du statut social virtuel. Aujourd'hui, Facebook compte plus de deux milliards d'utilisateurs. Chacun d'eux tient un « profil » qui est une présentation de soi aux yeux de tous. C'est une image tendue à la communauté humaine, que son propriétaire s'efforce de rendre la plus attrayante possible, y incluant des photos, des détails de sa vie personnelle ; il y montre ses amis, ses connaissances, ses activités favorites. Facebook est un CV cool et informel destiné à tous. Chacun des deux milliards d'internautes peut indiquer s'il apprécie ou non ce CV. Pour cela, il suffit d'appuyer sur une icône indiquant un pouce levé. Vous pouvez donc avoir théoriquement des milliers ou des millions d'avis favorables, ou zéro.

Se croire important et ne rien faire

Facebook titille une fibre très sensible de notre cerveau : l'estime de soi. Ce concept désigne l'opinion que chacun d'entre nous entretient à propos de soi-même : suis-je une bonne personne, un bon amant, un bon employé ? Ce sentiment d'amour-propre et de considération pour soi dépend en partie de la confiance que nous ont donnée nos parents et, plus tard, de nos réussites personnelles, mais pour partie aussi du regard que les autres portent sur nous [14-18]. C'est là que les réseaux sociaux ont trouvé un moyen d'envahir nos vies, car ils ne cessent de nous soumettre au regard des autres, et à leurs commentaires. Nous sommes alors amenés à nous demander, de plus en plus souvent, ce que nous valons aux yeux d'une multitude d'inconnus. Le problème est que nous ne sommes pas forcément faits pour cela.

Notre système nerveux a été façonné pour tenir compte d'un environnement humain restreint, riche d'environ une centaine d'individus, où les relations sont fondées sur des rencontres réelles et riches de sens, combinant plusieurs modalités sensorielles ainsi que des émotions. Dans leurs enquêtes, les anthropologues considèrent que nous maintenons un maximum de cent cinquante relations humaines suivies et porteuses de sens [19,20]. Or, sur Facebook, vous pouvez avoir facilement mille ou trois mille amis, et des centaines de milliers d'avis favorables, les fameux *likes* représentés par le symbole du pouce levé. La vraie nouveauté des réseaux sociaux, c'est qu'ils vous mettent en comparaison avec tout le monde. Facebook a instauré la comparaison sociale sans limite. Vous pouvez passer vos journées à essayer de vous situer par rapport à des centaines de personnes, et c'est ce que font bien des gens.

Le striatum raffole de cela. C'est lui, le vrai client de Facebook et d'Instagram. Des chercheurs en neurosciences ont voulu savoir ce qui se passait dans le cerveau des gens lorsqu'ils surfaient sur leur réseau préféré. Ils ont observé que le striatum nous envoie des récompenses sous forme de dopamine, ou des punitions sous forme de réductions de la même dopamine, selon les situations. Si vous obtenez moins de *likes* que ce que vous attendiez après avoir modifié votre profil, votre striatum s'éteint et votre estime de soi chute ; si vous obtenez plus de *likes* que vous ne le prévoyiez, ce même striatum produit de violentes décharges de dopamine qui vous apportent une bouffée de bien-être[21]. Cela se traduit par une mise à jour de votre estime de soi au sein de vos archives personnelles, lesquelles sont tenues par une zone de votre cerveau localisée deux centimètres en retrait de votre front. Cette zone cérébrale appelée cortex préfrontal ventromédian va en tirer des conclusions sur ce que vous valez à vos propres yeux. Si vous venez d'obtenir une récompense, le cortex préfrontal ventromédian fait monter d'un cran votre estime de soi. Si vous avez reçu une punition, il la revoit à la baisse. Tout part de ce principe interne de recherche d'approbation par le striatum, une partie de nous-même qui nous enjoint constamment de faire face au jugement d'autrui, en quête de reconnaissance.

Dans cette grande « bourse du Moi », pour reprendre l'expression du philosophe Carlo Strenger[22], chacun s'offre au regard de la multitude en espérant être apprécié et en craignant par-dessus tout d'y être dénigré.

Tout le monde veut s'y trouver parce qu'il est difficile de résister à l'attrait du statut social, même virtuel. Nulle surprise si certaines personnes y passent alors une part importante de leur vie. Aux États-Unis et en Allemagne, où l'on a dressé des statistiques de ce phénomène, les sociologues ont constaté qu'environ un jeune sur dix passe plus de trois heures par jour sur Facebook[23], et l'activité globale des communications numériques par smartphone représente aujourd'hui soixante-neuf mille textos échangés par seconde[24]. L'humanité se transforme en sorte de tablée où l'on converserait à bâtons rompus, en bombant le torse et en essayant de parler plus fort que tout le monde. Mais il est impossible d'entendre tout ce qui se dit, d'où le sentiment de rater une multitude de conversations et autant d'opportunités ; les psychiatres ont fondé ces dernières années une nouvelle catégorie diagnostique : le syndrome FOMO, acronyme des termes anglais *Fear Of Missing Out*, autrement dit, la peur de rater quelque chose, c'est-à-dire des opportunités, quelles qu'elles soient.

Les caractéristiques de ce syndrome sont une angoisse pathologique à l'idée que des gens faisant partie de votre cercle de connaissances sur Internet parlent de choses ou organisent des événements sans que vous en soyez informés[25]. Sur Internet, tout va très vite, et vous pouvez prendre un train de retard avant même de vous en être rendu compte. Cette incertitude génère une angoisse qui peut déboucher sur des troubles du sommeil, des comportements déplacés (comme le fait de s'inviter dans une fête sans y être convié, par peur de se sentir exclu d'un groupe d'amis), un stress chronique et des symptômes dépressifs. Dans un univers où des milliers de vos connaissances sont présentes vingt-quatre heures sur vingt-quatre sur les réseaux sociaux, tout, ou presque, peut se passer à n'importe quel moment. Un ami d'un ami, depuis son ordinateur ou son smartphone à l'autre bout de la planète, poste à votre propos un commentaire désobligeant, alors que vous êtes en train de dormir. Durant les quelques heures qui suivent, des moqueries se propagent, des vidéos de vous sont mises en ligne à votre insu, et vous, lorsque vous émergez de votre sommeil, vous ne pouvez que constater les dégâts, surtout si vous avez fondé votre confiance en vous sur l'écho qui en sera donné par la blogosphère ou les réseaux sociaux. Pour éviter cela, la solution ? Ne pas dormir.

C'est ce que font dans une large mesure les adolescents de la génération Z. Les statistiques de l'observatoire du sommeil[26] montrent que lorsqu'un jeune possède un ordinateur ou un smartphone dans sa chambre, il dort en moyenne quarante-sept minutes de moins. Le terme de moyenne est important : certains dorment suffisamment, et d'autres perdent deux ou trois heures de sommeil par nuit. D'où le décrochage scolaire, les symptômes dépressifs, et pour ceux qui finissent par être harcelés sur le Web, les tentatives de suicide avortées ou réussies, comme celle de Brandy Vela, cette adolescente américaine de 18 ans qui se tire une balle dans la poitrine sous les yeux de sa famille, après avoir été rejetée et insultée de façon continuelle sur les réseaux sociaux. Les études de Karla Murdock à l'université Washington and Lee montrent que de nombreux jeunes sont attentifs au moindre frémissement de leur smartphone et le placent à côté de leur lit, prêts à bondir dessus si un texto leur parvient. Le sommeil se fragmente, les rythmes ondulatoires du cerveau sont disloqués et divers troubles apparaissent, dont la fatigue, le décrochage scolaire, mais aussi l'obésité[27]. Les effets secondaires ne sont pas loin : suicide, dépression, troubles du sommeil et échec scolaire[28]. Au point que la probabilité de consulter un psychologue est aujourd'hui le double de celle mesurée chez des personnes nées vingt ans plus tôt[29]. Les parents sont alors souvent dépassés, et l'ambiance à la maison vole en éclats.

Les responsables ayant mis au point les algorithmes de ces réseaux sociaux commencent à reconnaître l'étendue du désastre. En 2017, l'ancien vice-président de Facebook chargé de la croissance des utilisateurs, Chamath Palihapitiya, s'est fendu d'une confession publique dans laquelle il regrettait d'avoir conçu un système qui détruisait le psychisme des adolescents en suscitant une incertitude continuelle quant à leur propre valeur, et en les incitant à se connecter en permanence dans l'espoir de se rassurer, produisant l'effet contraire. Le tout grâce à la puissance de « boucles de rétroaction à court terme basées sur la dopamine », qui « déchirent le lien social[30] ». Chamath Palihapitiya n'était pas le premier cadre de Facebook à prendre la parole pour dénoncer les ravages opérés par ce média social sur la jeunesse. Quelques mois plus tôt, c'était l'ex-président de la société, Sean Parker lui-même, qui évoquait un système qui exploitait une vulnérabilité dans la psychologie humaine[31].

Pourquoi les adolescents sont-ils particulièrement démunis face aux situations comportant un fort enjeu social ? La réponse est que leur cerveau est, d'une certaine façon, un « pur striatum ». Vers l'âge de 15 ans chez les garçons – un peu plus tôt chez les filles –, les parties centrales du cerveau comme l'aire tegmentale ventrale, le noyau accumbens, le pallidum ou le noyau caudé, dont les neurones communiquent en diffusant de larges quantités de dopamine, sont en plein développement, ce qui se traduit par un éveil du désir sexuel mais aussi une forte sensibilité aux questions de statut social[32-34].

Une part essentielle des conversations des collégiens et lycéens tourne autour de questions de popularité, de ridicule, de prestige, d'habillement, avec une peur d'être marginalisé accompagnée d'une envie de se distinguer sans pour autant dévier du groupe. Les injonctions du striatum sont spécialement puissantes car les parties frontales du cerveau qui seraient aptes à les modérer ont encore un temps de retard : elles n'arriveront à maturité que plus tard, vers 21 ans, environ, pourvu que des figures tutélaires (parents, éducateurs ou modèles) les aident à se développer en apprenant à l'adolescent à prendre conscience des conséquences de ses actes – en un mot, en le responsabilisant. Et il faut de la persévérance de la part des parents, car les résultats se font attendre parfois des années. Que les parents continuent d'y croire, car cela porte ses fruits en renforçant le cortex cérébral, même si cela ne se voit pas.

En attendant, le striatum fait ce qu'il veut dans la maison, il sème la pagaille, exprime des envies impérieuses, provoque des sautes émotionnelles et est obsédé par quelques aspects de la vie qui se trouvent être les renforceurs primaires abondamment cités jusqu'ici : le sexe, le statut social, et la loi du moindre effort (la nourriture devient moins importante parce que le statut social domine tout, en un mot).

Le tour de passe-passe d'Internet

L'envie d'être rassuré sur sa propre valeur est insatiable. C'est pourquoi l'automatisation du travail, qui assouvissait le rêve ultime de l'hommc de se libérer de tout labeur pénible, a posé un problème considérable. Sans travail, l'homme moderne perd son statut et son utilité. Les réseaux sociaux, dans ce contexte, ont trouvé une improbable quadrature du cercle. Ils proposent à toute personne dotée d'une connexion Internet ou d'un téléphone d'étancher sa soif de statut social, *même sans travail*. De cette façon, par le double truchement de la mécanisation et d'Internet, le cerveau humain a trouvé un moyen de satisfaire deux besoins qui semblaient à première vue contradictoires : 1) ne rien faire et 2) se sentir important. Et ce, de façon démocratique et massive, à l'échelle de milliards d'individus.

Tout cela repose sur un leurre, bien évidemment. Mais le leurre, pour l'instant, fonctionne. Le virtuel est devenu, pour les masses du monde globalisé, un mode d'existence généralisé. Certes, quelques individus occupant les postes les plus importants de l'industrie du numérique et de l'intelligence artificielle brasseront longtemps encore de l'argent réel et prendront des décisions qui affecteront directement nos existences. Ils se livreront à d'âpres luttes économiques pour capter l'attention et la disponibilité des milliards de cerveaux occupés à se distraire en ligne. Et il est très probable que ces milliards d'humains, pour continuer à faire fonctionner l'économie globale en achetant la vaste panoplie des produits proposés – l'électroménager, la domotique, les fournisseurs d'accès, la téléphonie et les jeux –, devront toucher un revenu de base financé en grande partie par les taxes sur le numérique. Ce qui signifie que pour les magnats de la cybernétique et de l'information digitalisée, il s'agira de se tailler la plus belle part de ce marché, en attirant vers leurs services ou leurs produits quelques millions d'âmes de plus que leurs concurrents. Cela passera par la véritable guerre du troisième millénaire : la guerre de l'attention.

Informé, surinformé

Le cerveau humain est, parmi ses multiples fonctions, une machine à assimiler de l'information. Son appétit pour toute information lui permettant d'améliorer ses chances de survie constitue le cinquième ressort qui active ses circuits du plaisir. Les quatre premiers sont, rappelons-le, la nourriture; le sexe, la réduction de l'effort et le statut social.

Qu'est-ce que l'information ? Pour le cerveau humain, un stimulus contient une information dès l'instant où il signale la présence de quelque chose d'intéressant. Et par intéressant il faut comprendre : une source de nourriture, la présence d'un partenaire sexuel potentiel, ou au contraire la présence d'un danger, par exemple un prédateur. Tout cerveau capable de repérer ces signaux dispose d'un avantage pour survivre mieux que les autres, pour transmettre ses gènes de façon plus étendue, ou encore pour échapper à des dangers. Par conséquent, de génération en génération, tout gène contribuant à façonner un cerveau attiré par l'information va se répandre dans la population. Et de façon corollaire, si deux gènes sont en concurrence, celui qui sous-tend la plus grande soif d'information est sélectionné au détriment de l'autre.

Cette loi n'a pas dévié depuis les origines de notre espèce. Il y a dix millions d'années, un primate pesant environ quarante kilos et mesurant un mètre de hauteur se déplace dans la forêt équatoriale africaine. Il cherche des fruits ou des feuillages mûrs pour se nourrir. Soudain, à la périphérie de son champ visuel, apparaît une légère tache rougeâtre. Dans deux parties de son cerveau appelées noyau caudé et putamen, des quantités infinitésimales de dopamine sont automatiquement libérées, provoquant une attirance vers ce point qui se distingue des autres dans le feuillage. Parallèlement, une fine bande de cortex située sur le dessus du cerveau dirige ses yeux vers ce centre d'intérêt. Ses globes oculaires et sa conscience se braquent sur la cible et l'identifient : une feuille très mûre, propre à la consommation. Il s'y dirige, tend la main, et saisit la récompense[1]. S'étant nourri, il développe sa masse musculaire, vainc un rival en combat singulier et s'accouple avec une charmante femelle chimpanzé. Ses gènes sont transmis à la génération suivante.

À quoi ressemble cette scène, dix millions d'années plus tard ? Nous sommes cette fois en 50000 avant Jésus-Christ et un homme de Cro-Magnon pesant environ soixante-dix kilos et mesurant 1,80 mètre se déplace dans une forêt d'Europe méridionale. Il cherche des baies, myrtilles, airelles ou prunelles, ou un gibier à rapporter au campement. Soudain, à la périphérie de son champ visuel, apparaît une légère tache jaunâtre. Dans deux parties de son cerveau appelées noyau caudé et putamen, des quantités infinitésimales de dopamine sont automatiquement libérées, provoquant une attirance vers ce point qui se distingue des autres dans le feuillage. Parallèlement, une fine bande de cortex située sur le dessus du cerveau dirige ses yeux vers ce centre d'intérêt. Ses globes oculaires et sa conscience se braquent sur la cible et l'identifient : une touffe de poils accrochée à un roncier, révélatrice du passage d'un chevreuil. Il s'y dirige, tend la main, et saisit cet indice pour mieux en prendre connaissance. Dès lors, il est sur la piste de l'animal. De retour au campement, il distribue de la nourriture à ses amis et acquiert du statut social. Il donne la plus belle part à une charmante femelle *Homo sapiens*, qui apprécie le geste et lui demande s'il souhaite faire un bout de chemin avec elle. Ses gènes sont transmis à la génération suivante.

Et puis, nous voici enfin de nos jours. Un humain pesant environ quatre-vingts kilos pour 1,80 mètre parcourt ses SMS tout en cherchant son chemin à travers les galeries de métro d'une grande cité. Il recherche une offre spéciale d'un concessionnaire dans la jungle inextricable des promotions qui lui parviennent quotidiennement. Soudain, à la périphérie de son champ visuel apparaît une tache vive et lumineuse, émise par un écran mural de publicité. Dans deux parties de son cerveau appelées noyau caudé et putamen, des quantités infinitésimales de dopamine sont automatiquement libérées, provoquant une attirance vers ce point qui se distingue des autres dans la galerie du métro. Parallèlement, une fine bande de cortex située sur le dessus du cerveau dirige ses yeux vers ce centre d'intérêt. Ses globes oculaires et sa conscience se braquent sur la cible et l'identifient : une publicité animée sur un écran digital qui recouvre les parois du couloir. Coup de chance, c'est une annonce pour un SUV avec boîte automatique, écran tactile et toit personnalisé au prix dérisoire de deux cent quatre-vingt-dix-neuf euros par mois en location longue durée. S'étant rendu chez le concessionnaire le plus proche et ayant acquis ce magnifique symbole de réussite sociale, il se gare sous les fenêtres de son bureau et attire les regards de nombreux collègues, dont une charmante chargée de projet de chez Capgemini. Quelques jours plus tard, ils vont voir *Bridget Jones Baby* puis il la raccompagne chez elle et elle lui propose de prendre un dernier verre. Ses gènes sont transmis à la génération suivante.

Tant que je gagne, je joue

Vous avez repéré le point commun entre ces trois histoires. La libération de dopamine dans le putamen et le noyau caudé, provoquée par la présence d'un stimulus saillant, signale toujours une opportunité intéressante. Les zones de notre cerveau qui attirent notre attention vers des détails particuliers de notre environnement le font d'après des critères bien précis. Elles guettent les signaux pouvant indiquer une ressource alimentaire, un profit quelconque, un potentiel lié à la reproduction ou au statut.

Certains d'entre vous auront noté que les deux zones cérébrales impliquées ici (le noyau caudé et le putamen) font partie du striatum. Dans cette partie de notre cerveau, en effet, se trouvent des neurones qui attisent notre soif d'information. Ces neurones ont une propriété étonnante, découverte il y a quelques années : lorsqu'ils sont confrontés à une possible récompense sous forme de nourriture ou de boisson par exemple, ils s'activent dès qu'ils sont en présence d'une information annonçant la récompense en question, et non pas seulement lorsque la récompense arrive.

En 2009, deux neuroscientifiques des Centres nationaux américains de santé et de l'université Brown ont réalisé une expérience astucieuse qui a révélé cette prédisposition ancrée au plus profond des systèmes nerveux. Pour cela, ils ont placé des singes assoiffés devant une table. À intervalles de temps réguliers, un gobelet d'eau leur était présenté. La quantité d'eau contenue dans le gobelet variait d'une situation à l'autre. Toutefois, quelques dizaines de secondes avant l'arrivée du gobelet, un écran situé à gauche de la table projetait des séries de symboles colorés qui permettaient de connaître à l'avance la quantité d'eau à venir. Par exemple, un rond jaune indiquait un gobelet vide, un carré bleu annonçait un gobelet à moitié rempli, et un triangle vert, un gobelet plein à ras bord.

Un autre écran situé à droite projetait des symboles aléatoires qu'il était impossible de mettre en relation avec la quantité d'eau future. Très rapidement, les scientifiques se sont rendu compte que les neurones du striatum des singes libéraient de la dopamine dès qu'ils voyaient apparaître le symbole annonçant la quantité d'eau future sur l'écran de gauche, et non lorsqu'ils regardaient l'écran de droite ne diffusant aucune information décryptable[2]. Les singes devenaient peu à peu très attentifs à la source de l'information, qui se muait en une source de plaisir et d'excitation aussi importante que l'eau elle-même. D'après les auteurs de ces travaux, le cerveau des primates serait ainsi en quête perpétuelle d'information, prêt à déceler dans son environnement tout indice révélant l'imminence d'un des quatre autres grands renforceurs primaires que sont la nourriture, le sexe, le statut ou l'absence d'effort. Nous aurions conservé cette avidité native pour toute forme d'information, et l'aurions exacerbée depuis l'apparition du langage qui a démultiplié la richesse et la complexité de l'information.

Là où notre situation actuelle devient problématique, c'est que notre cerveau est resté essentiellement le même au cours des derniers millénaires, alors que nos conditions de vie ont changé dans des proportions qu'on a du mal à imaginer. En quelques millénaires, l'humanité est passée d'un environnement relativement pauvre en informations (la savane contient certes des informations pour un chasseur sachant les repérer et les interpréter, comme l'odeur d'un prédateur, la trace d'un sabot dans l'argile ou le son discret d'un cours d'eau) à un milieu hyper-enrichi en informations qu'est le monde moderne. Ce qui n'est pas sans conséquences…

L'infobésité, une boulimie d'informations

Il suffit de marcher pendant quelques minutes dans une grande ville moderne pour s'apercevoir que tout y est hautement informatif. Les feux de signalisation, les clameurs des passants, les enseignes des magasins, les panneaux publicitaires : le rythme auquel notre cerveau pourrait glaner des informations est supérieur à une donnée par seconde, de très loin. Nous les sélectionnons, bien sûr, mais au prix d'un effort. Il faut ajouter à cela un bouleversement récent : dans notre poche s'est glissé depuis quelques années un porteur d'informations intarissable, le smartphone, qui nous apporte des nouvelles de nos proches ou connaissances, mais aussi du monde entier, *via* les sites d'information continue, les alertes SMS, les e-mails ou les publicités. Dans notre environnement professionnel, les informations nous submergent sous forme d'appels téléphoniques mais aussi d'alertes e-mail dans le coin de notre écran, qui nous avertissent régulièrement de l'arrivée d'un message. Et même lorsque nous n'y faisons pas attention, ces informations laissent une trace dans notre cerveau pendant plusieurs mois[3]. Cela influence nos achats mais nous détourne aussi de notre travail, avec un coût estimé à cinq cent quatre-vingt-huit milliards de dollars annuels rien que pour les États-Unis, et une perte de temps de 28 % sur une journée en moyenne[4,5].

Nous sommes victimes d'un piège : nos systèmes cérébraux de recherche d'information ont été soumis pendant des millions d'années à un régime très pauvre, dans un milieu où les données exploitables étaient rares et où il fallait des détecteurs très affûtés. Comme pour ceux de l'alimentation, aucun frein n'a été conçu pour ce système. Une fois plongés dans la société de pléthore informationnelle qu'est la nôtre, il se produit la même chose que pour l'abondance alimentaire : nous nous repaissons sans limites. « Je dois voir les informations », « laisse-moi me connecter », sont des phrases que nous entendons quotidiennement. Pour la plupart des personnes accros à l'info en boucle, être informé de ce qui s'est passé au gouvernement, de la météo qu'il fait à Rennes ou du déraillement d'un train en Inde ne changera pas leurs décisions ni leur comportement pendant les jours et les semaines qui vont suivre. Il est probable qu'elles se sentiraient mieux en ciblant leur besoin d'information, et en s'occupant à d'autres activités créatives. Mais notre comportement est principalement déterminé par le striatum, et non par la raison. Nous sommes devenus des obèses informationnels, un phénomène désigné sous le terme d'infobésité[6], néologisme qui résume le parallèle avec la consommation effrénée de nourriture dans un monde de pléthore alimentaire, ayant conduit aux taux d'obésité sans précédents que connaît le monde « développé ».

Connaître la météo réchauffe la météo

Sur un plan environnemental, la boulimie mondiale d'information contribue à faire fonctionner les serveurs du Web en flux tendu, avec des conséquences directes sur notre environnement. En 2016, le physicien de l'université Harvard Alex Wissner-Gross[7] calculait ainsi qu'une requête d'information sur le serveur Google, qui en totalise plus de cinq milliards par jour, produisait la même quantité de chaleur (par transport d'énergie le long des connexions Internet et du fait du fonctionnement très calorifique des serveurs Internet) que le fait d'amener une demi-tasse de café à ébullition. Connaître la météo à Rennes réchauffe la météo à Rennes. C'est la nouvelle donne de l'humanité devenue le principal danger pour elle-même.

L'appétit sans fin de l'être humain pour l'information ouvre un marché immense dont se saisissent les géants du numérique, comme Google, Apple, Facebook et Amazon. Des fortunes colossales se bâtissent sur notre propension biologique ancestrale. Dans cette guerre de l'attention, il s'agit de capter celle de millions de personnes, qui deviennent autant de clients informationnels. La captation des cerveaux est un des piliers de l'économie du futur, et elle est indissociable de la réduction du travail. De plus en plus, il s'agira d'occuper des personnes sans emploi et dont l'utilité sociale se réduira à leur aptitude à consommer. Pourra-t-on se contenter d'exploiter leur soif d'information ? Cela paraît peu probable. Il faudra, pour qu'elles se tiennent tranquilles, cibler directement leur striatum et les occuper à plein temps de manière ludique. Bienvenue dans l'univers du jeu.

Se souvenir de Dostoïevski

Dans son chef-d'œuvre *Le Joueur*, Dostoïevski décrit le pouvoir fabuleux qu'exerce le jeu de hasard sur l'esprit et sur nos émotions. Au cours d'une de ces scènes désormais inscrites au panthéon de la littérature, il raconte : « J'avais tout perdu, tout… Je sors du casino, je regarde… un florin se promenait encore dans la poche de mon gilet : Ah ! J'ai encore de quoi dîner ! me dis-je, mais après avoir fait une centaine de pas, je me ravisai et rebroussai chemin. Je mis ce florin sur manque (cette fois, c'était sur manque) et, vraiment, l'on éprouve une sensation particulière lorsque, seul, en pays étranger, loin de sa patrie, de ses amis, et ne sachant pas ce qu'on va manger le jour même, on risque son dernier florin, le dernier, le dernier ! Je gagnai, et, vingt minutes plus tard, je sortis du casino avec cent soixante-dix florins en poche. C'est un fait ! Voilà ce que peut parfois signifier le dernier florin ! Et si je m'étais laissé abattre, si je n'avais pas eu le courage de me décider ?... » La fascination pour le moment où tout bascule, où l'être humain confie sa destinée à une bille ou à une paire de dés, a attiré l'attention des psychologues puis des neuroscientifiques qui ont cherché à savoir comment cette fascination opérait sur nos neurones. Leur question était : qu'est-ce qui attire les joueurs au point de leur faire tout risquer, de se ruiner et de retourner, envers et contre tout, vers le tapis vert où va s'effondrer leur destin ? Dostoïevski le dit lui-même : on éprouve une sensation particulière au moment de risquer son dernier florin. Plus que le gain lui-même, il semblerait que le fait de se tenir au bord du précipice soit l'élément décisif qui procure le frisson de l'extrême. Ce moment où l'on ne sait absolument pas si l'issue sera salvatrice ou destructrice détient la clé de l'addiction au jeu.

Sachant qu'environ 25 millions de personnes sont des joueurs occasionnels en France[8], et que 800 000 sont des joueurs pathologiques que tenaille la dépendance maladive au jeu, plusieurs équipes de chercheurs ont testé la réaction du cerveau face à des situations de pari similaires à celles que proposent les casinos ou les sites de paris en ligne. Ils ont observé que le striatum de ces sujets présente une activité intense pendant toute la phase d'incertitude où le joueur ne sait pas encore si l'issue sera positive pour lui, ou défavorable[9,10]. C'est ce moment que décrit Dostoïevski, cet instant d'excitation maximale où la bille rebondit dans la roulette et où le joueur sent sa destinée prête à basculer d'un côté ou de l'autre.

Avec un degré de précision encore plus affiné, des neurobiologistes ont réussi à enregistrer l'activité de neurones microscopiques dans le striatum, des cellules nerveuses spécialisées dans la libération de dopamine pendant cette phase d'incertitude[11]. Lors des premiers paris, ces neurones libèrent de la dopamine quand le joueur gagne, et non quand il perd. Mais au fil des paris, ils décalent leur activité dans le temps, se mettant à relâcher la précieuse molécule dès l'instant où la bille est lancée dans le plateau de la roulette. Ils anticipent l'issue finale, et pour cela ils tiennent compte des probabilités statistiques de gain ou de perte qui sont affichées par l'expérimentateur. Fait étonnant : l'activité de ces neurones est optimale dans les situations d'incertitude maximale. Autrement dit, des flots de dopamine et d'excitation sont suscités lorsque le joueur est face à une situation de risque total, d'exposition sans filet, avec autant de chances de toucher le jackpot que de perdre l'intégralité de sa mise. Le jeu de hasard produit du plaisir par la présence même du hasard, et c'est l'instant d'indétermination suprême qui fait toute la saveur de cette activité. Ce que décrivait Dostoïevski est aujourd'hui observé dans le fonctionnement même des neurones du striatum.

Plus qu'un jeu

Évidemment, les conséquences sont funestes pour ceux qui deviennent accros à cette sensation. Car la répétition des risques maximaux se termine le plus souvent par des échecs retentissants. Aujourd'hui, l'addiction aux jeux de hasard représente un enjeu de santé publique qui coûte cinq milliards de dollars chaque année à la société américaine[12] et trois cent vingt-six millions d'euros dans un pays comme l'Allemagne, la France n'ayant pas réalisé d'étude chiffrée à ce jour en termes de coût financier[13].

Mais, pour la plupart d'entre nous, la réalité du jeu n'est pas tant celle des casinos que des jeux vidéo. *Candy Crush Saga*, *Call of Duty*, *World of Warcraft*, *Battlefield*, *Street Fighter*, *FIFA 18* ou *Grand Theft Auto IV*... Un univers sans limites, créé par une industrie dont les revenus ont désormais dépassé ceux du cinéma pour atteindre plus de cent milliards de dollars de chiffre d'affaires annuel[14]. Cet essor a été favorisé par la miniaturisation des écrans, qui a permis à des centaines de millions de personnes d'emporter leurs jeux dans le métro, au travail, en vacances et même en voiture (eh oui, 59 % des Français reconnaissent jouer à des jeux comme *Pokemon Go* en conduisant[15] !). Dans les transports en commun, il suffit d'observer un court instant ses voisins pour se rendre compte que bon nombre d'entre eux occupent leur temps à cliquer sur des bonbons roses et bleus pour gagner des points sur un écran, ou à envoyer des missiles sur des soldats ennemis. Il est difficile de s'extraire d'un jeu vidéo immersif.

Les concepteurs de ces produits ont réuni un certain nombre d'ingrédients pour qu'ils provoquent une forme d'addiction en agissant précisément sur les neurones à dopamine sollicités par les jeux de hasard. John Hopson, un des gourous de la conception de jeux vidéo, expliquait ainsi dans le journal *Gamasutra* : « Pour inciter les visiteurs à jouer intensément et longtemps, il faut leur fournir des récompenses distribuées à un rythme variable, mais fréquent, et également les punir s'ils cessent de jouer ou ne jouent pas assez[16]. » La notion de récompense imprévisible est centrale à l'addiction observée dans les jeux de casino, une pathologie clairement inscrite dans la liste des addictions lourdes du manuel de psychiatrie DSM-5. C'est lorsque la gratification est difficile à anticiper que les neurones à dopamine déchargent le plus. Les développeurs des meilleurs jeux l'ont compris : ils distillent les points de bonus d'une façon que le joueur ne comprend pas toujours, et qui le met sur les charbons ardents. Au point que certaines personnes voient leur vie voler en éclats à cause d'un simple petit jeu vidéo qui envahit les moindres recoins de leur vie, comme cette femme qui en était arrivée à jouer à *Candy Crush Saga* pendant cinq heures par jour[17], oubliant ses rendez-vous, incapable de se concentrer sur ses tâches quotidiennes. En 2011, les neuroscientifiques de l'université de Gant en Belgique ont confirmé que le jeu vidéo agit directement sur notre striatum. Ils ont introduit des joueurs dans une IRM afin d'observer le fonctionnement de leur cerveau[18-20] et ont constaté qu'au fil du jeu le striatum renforçait son activité et que son volume allait jusqu'à augmenter au fil des répétitions.

Jeu dangereux

En 2018, l'Organisation mondiale de la santé a inscrit l'addiction aux jeux vidéo sur la liste des troubles du comportement au même titre que la dépendance à l'alcool ou aux drogues[21], et l'on estime que 6 % des jeunes Français de 14 à 24 ans seraient aujourd'hui considérés comme accros, pratiquant plus de huit heures par jour[22]. En fait, les jeux vidéo sont probablement aujourd'hui l'outil numérique qui propose à notre cerveau la plus forte concentration de renforceurs primaires, c'est-à-dire de stimuli auxquels il est le plus sensible de façon innée et ancestrale. La plupart des jeux vidéo ajoutent en effet, à la notion de bonus imprévisible, des variations de statut (niveaux de progression, classements comparatifs avec d'autres joueurs dans les jeux en réseau), un dispositif qui vient alimenter le besoin de statut social de notre striatum. En outre, pour environ 35 % des jeux pour adultes (et 13 % de tous les jeux vidéo)[23], la dimension sexuelle se surajoute, et l'on sait que c'est le deuxième renforceur primaire. Finalement, il n'y a guère que la nourriture qui ne soit pas incluse au programme. Mais est-ce bien certain ? Il est rare que l'on n'ait pas à portée de main un paquet de chips lorsque nous commençons une partie de *GTA IV* ou de *Call of Duty*. Dans l'ensemble, notre striatum est bombardé de stimuli qu'il n'aurait sans doute jamais pu obtenir à aucune autre époque de l'histoire de l'humanité.

Les développeurs de jeux sont très au fait de ces mécanismes neurobiologiques. Nulle surprise si, dans la Silicon Valley, fleurissent des établissements scolaires sans écrans où ces ingénieurs envoient leurs enfants, conscients des effets que produisent sur ces jeunes cerveaux Facebook ou certains jeux vidéo[24]. Habitué à être hyperstimulé par une interface numérique, le cerveau enfantin ne supporte plus les phases de calme ou de faible stimulation, comme cela peut être le cas d'un cours de quarante-cinq minutes passées à écouter un enseignant s'exprimer devant un tableau noir, sans débauche de flashs lumineux ou de détonations. Sans cesse activée par des stimuli extérieurs puissants, l'attention ne peut plus être mise en marche de l'intérieur par les zones frontales du cerveau, car celles-ci n'ont pas été suffisamment développées à cet effet[25]. Distractibilité, pertes de concentration, agitation, on voit poindre les prémices du trouble attentionnel avec hyperactivité. Il faut avoir soi-même conçu ces instruments pour savoir ce qu'ils font au cerveau. Personne n'a oublié cette réponse de Steve Jobs à un journaliste qui lui demandait quel usage ses enfants faisaient de l'iPad : « Ils ne l'ont jamais eu entre les mains »…

Le syndrome de l'enfant surarmé

À ce point de notre réflexion, il est temps de marquer un temps d'arrêt et de dresser un premier bilan des phénomènes que nous venons de décrire. S'il fallait brosser un portrait-robot de l'être humain du XXIe siècle dans une large partie du monde industrialisé, ce serait celui d'un individu en surpoids, se déplaçant peu, travaillant de moins en moins, se distrayant par des jeux vidéo sans se lever de son siège, se gavant d'informations sur des écrans, faisant une forte consommation de pornographie virtuelle et vérifiant toutes les dix minutes si l'image qu'il envoie au monde entier par les moyens de télécommunications numériques est aussi avantageuse qu'il le souhaiterait.

Ce portrait, convenons-en, n'est guère flatteur. Il ressemble même furieusement à un échec dramatique.

Fort heureusement, les êtres humains ne sont pas que cela. Ils ont des élans d'amour, de générosité, de créativité, de solidarité. Mais aujourd'hui, le courant fédérateur de leurs activités, la masse des données qui convergent dans les grands canaux de l'économie, qui drainent des milliards de dollars et alimentent banques, centrales à charbon, raffineries, usines automobiles ou fabriques de téléphones portables, développement numérique et agro-alimentaire, est façonné par ces cinq grandes pulsions surgies de trente ou quarante centimètres cubes de matière nerveuse à la jonction de notre tronc cérébral et de notre cortex. Nourriture, sexe, effort minimal, statut social et information-distraction : ces cinq grands piliers de l'activité animale sont les pôles qui aimantent toutes les actions individuelles et collectives. Nous sommes face à une situation inédite. Pour la première fois, nos moyens technologiques sont en mesure de les satisfaire en grande partie. Or, nous constatons avec stupeur que cela ne change rien, et que notre cerveau ne semble pas pouvoir se refréner lui-même.

À bien des égards, cette image n'est pas sans évoquer celle d'un enfant. Chez l'enfant, le désir de manger, jouer, et se rendre important paraît presque naturel. Il relève de ce que Freud appelait le principe de désir. Mais selon la doxa psychanalytique, le principe de désir doit progressivement s'incliner devant le principe de réalité : nous ne pouvons pas passer notre temps à manger, à jouer et à nous croire les rois du monde, pour la simple raison que ce n'est pas vrai. Pendant des millénaires, la nature et nos propres limites se sont chargées de nous le rappeler, mais l'explosion technologique a tout changé. La nature ne limite plus notre capacité à nous alimenter, à nous repaître de sexe virtuel, à gonfler notre statut social sur les réseaux sociaux, et elle nous impose de moins en moins de tâches pénibles. Nous en avons évoqué la cause plus haut : le développement extraordinaire du cortex cérébral de *Homo sapiens* a permis l'éclosion de technologies toujours plus perfectionnées, de l'écriture à l'écran à plasma, de la roue à la machine à laver, du moteur à explosion aux OGM et au format MP4. En développant notre cortex cérébral, la nature nous a dotés d'une arme surpuissante. Mais c'est toujours le striatum qui tient cette arme. Et ses buts sont toujours les mêmes, tragiquement simples et limités. Les buts d'un enfant. Mais c'est maintenant un enfant surarmé.

Lutter contre nous-même

Aujourd'hui, la technologie confiée aux humains est comme une ogive nucléaire remise entre les mains d'un enfant. Le potentiel destructeur de cette arme lui est totalement inconnu. Il veut s'en amuser. Il ne peut pas faire autrement. L'auteur d'un scénario humoristique imaginerait des conseillers politiques, sociaux, militaires ou économiques qui tenteraient d'instruire cet enfant capricieux, de le raisonner, mais leur voix ne porterait pas. Tout comme l'activité des neurones du cortex ne rebrousse pas chemin vers le striatum, il est impossible de faire modifier ses buts à cet enfant. Si nous voulions agir pour autre chose que la satisfaction de nos cinq grands renforceurs primaires, il faudrait inventer un moyen de museler l'activité de notre striatum au moyen des efforts conscients de notre volonté et de notre raison, logées dans notre cortex. Certains s'y sont essayés. Bien des philosophes, de Socrate à Lucrèce ou Descartes, des religions et des courants spirituels, s'y sont efforcés, en prônant la tempérance, voire la contrition, parfois même la pénitence – sans effet. Ce n'est pas un livre sacré ou une doctrine qui peut lutter contre un système neuronal forgé à coups de centaines de millions d'années de survie, de douleur et de plaisir. Nous pourrions bien être dans une impasse.

Deuxième partie

LE BUG HUMAIN

Le règne de l'incohérence

Le 14 novembre 2017, au moment de croquer dans une tartine de pain grillé, j'allume la radio et j'entends le flash d'informations suivant :

« Quinze mille scientifiques viennent de lancer une pétition, à la veille du sommet pour la planète de Bonn, pour tirer une sonnette d'alarme. Nos émissions de CO_2 n'en finissent plus d'augmenter, et les sommets environnementaux (notamment celui de Paris, deux ans plus tôt, pourtant salué comme une réussite) n'y changent strictement rien. L'horizon du réchauffement en 2100 est désormais estimé à quatre degrés. Une élévation de sept mètres du niveau des océans est envisagée. Des millions de kilomètres carrés de territoires seront immergés. C'est une très mauvaise nouvelle. »

Je termine ma tartine. Une journée se passe, et le lendemain matin, je me retrouve à faire à peu près les mêmes gestes (car, avouons-le, la journée de l'homme moderne ne brille pas par la diversité de ses petits-déjeuners), et j'entends à la radio :

« Airbus vient de décrocher un contrat de cinquante milliards de dollars pour quatre cent trente moyen-courriers. C'est une très bonne nouvelle[1]. »

Je repose ma tartine. Je dois avoir mal entendu.

Mais non. C'est la réalité. Entre nous, je crois que c'est ce type de contradiction qui m'a poussé à écrire ce livre. Certes, je lui ai donné le titre de « bug humain », mais c'était pour être gentil. Car honnêtement, comment voulez-vous croquer chaque jour la même tranche de pain grillé en entendant des choses aussi contradictoires ? Comment les mêmes personnes, les mêmes journalistes, les mêmes directeurs de programmes radio, peuvent-ils, jour après jour, rédiger coup sur coup des communiqués aussi incohérents que la mauvaise nouvelle du réchauffement climatique et la bonne nouvelle d'un contrat industriel qui va accentuer ce même processus ?

De ce jour, je me suis mis à traquer les incohérences de ce type. Alors là, vous mettez le doigt dans une spirale sans fin. Le mieux dans le genre, c'est la fonte des calottes glaciaires arctique et antarctique. Le problème de la fonte des calottes glaciaires est sans doute le facteur qui menace le plus directement notre équilibre écologique futur. Des climatologues danois ont récemment montré que la fonte de la calotte arctique sur la période allant de 2003 à 2014 a augmenté de 80 % (elle a donc quasiment doublé) par rapport à la période s'étendant de 1976 à 2003, alors que le temps pris en considération est deux fois plus court[2]. Autrement dit, le rythme de fusion a quadruplé. Conséquence :

probablement entre six et neuf mètres d'élévation des océans en 2100. Je vous signale qu'à l'heure actuelle, les îles de Ré et de Noirmoutier se battent contre des élévations de quelques centimètres…

En lisant cela, n'importe quel esprit sensé penserait que l'humanité cherche à préserver les pôles. Mais non. Avez-vous entendu parler des bitcoins ? Il s'agit d'une monnaie virtuelle produite par de savants procédés informatiques, et qui doit servir à sécuriser les échanges monétaires à l'échelle de la planète. Eh bien, pour fabriquer cette monnaie virtuelle qui fait tourner la tête des spéculateurs depuis 2017, il faut faire fonctionner à plein régime des réseaux de serveurs numériques surpuissants qui dégagent d'immenses flux de chaleur[3]. Pour gagner du rendement, on enfouit ces serveurs… dans le sol gelé de l'Islande, ce qui permet de mieux évacuer l'énergie thermique qu'ils dégagent. Et ce n'est pas un petit poêle à bois ou même une centrale nucléaire. Non. La consommation annuelle de ce réseau dépasse trente térawatts-heure, c'est-à-dire l'équivalent de la production énergétique d'un pays comme la Hongrie ou l'Irlande[4,5].

En clair, de gigantesques radiateurs sont enfouis sous le cercle arctique à seule fin de tenir à jour, toutes les dix minutes en moyenne, l'existence d'une monnaie virtuelle.

Cela vous fait réfléchir avant de beurrer votre tartine le matin.

Ce qui doit nous interpeller, c'est que toutes ces informations existent – elles *co-existent* même au vu et au su de tous. Le citoyen du XXIe siècle croque sa biscotte et il entend d'une oreille : « Catastrophe, le Groenland fond ! » et de l'autre : « Merveilleux, le bitcoin révolutionne la monnaie ! » Tous ensemble, nous savons très bien que le climat s'emballe ; tous, nous en connaissons les conséquences futures, des conséquences extrêmement lourdes à supporter pour tous les États du globe et pour les générations futures ; nous le déplorons ouvertement – et tous ensemble nous sautons de joie lorsque nous arrivons à fabriquer des appareils informatiques qui saturent l'atmosphère de dioxyde de carbone et de flux de chaleur pure.

N'y a-t-il pas quelque part un bug dans le cerveau humain ?

La croissance pour seul guide

On pourrait appeler cela un échec collectif, ou un effondrement cognitif de masse, et il y aurait sans doute une part de vérité dans cette analyse. Mais le fond du problème est beaucoup plus préoccupant. Cette contradiction relève d'une idéologie que personne ne parvient à remettre en cause, et qui est l'idéologie de la croissance. La croissance est le dogme qui innerve les moindres organes de nos sociétés. Même devant une catastrophe qui menacerait de façon imminente nos modes de vie, nous ne cesserions pas de prôner la croissance. La croissance est sur toutes les lèvres, dans tous les programmes politiques, au cœur de tous les choix économiques. Le point de croissance est l'étalon-or de toutes les analyses économiques, le credo de tous nos journaux télévisés. Il ne viendrait à l'idée de personne (à part à quelques mouvements altermondialistes) de remettre sérieusement en question ce dogme. Quoi qu'il arrive, la production doit augmenter, la consommation doit s'accroître, le produit intérieur brut doit progresser, le pouvoir d'achat doit grimper, le niveau de vie doit monter. Nous avons à ce point intégré cette idée que nous sommes devenus incapables de penser autrement.

Ce que je voudrais expliquer ici, c'est que nous sommes intrinsèquement limités, de par la configuration logicielle de notre cerveau, pour faire autrement. Nous faisons avec ce que nous avons, et ce que nous avons, c'est une structure mentale et nerveuse antédiluvienne qui fonctionne de cette façon. Nous sommes figés dans notre structure cérébrale ancienne, confrontés à un monde qui change trop vite car nous l'avons fait changeant, et ce monde nous dépasse. Il y a là une trajectoire inexorable. Nous sommes lancés comme des boulets fous dans l'espace, avec un équipement neuronal qui a fait des merveilles pendant cinq cents millions d'années mais qui va maintenant tout faire exploser.

Qu'est-ce qui, dans notre cerveau, nous conditionne à chercher non seulement de la nourriture, de l'argent, du sexe et du statut social, mais *toujours plus* d'argent, *toujours plus* de nourriture, *toujours plus* de sexe ou *toujours plus* de statut ? La moitié de cet ouvrage a été consacrée à montrer comment une structure particulière de notre cerveau, notre striatum, nous incite en permanence à atteindre ces objectifs. Mais en perfectionnant leurs méthodes d'analyse et de mesure, les scientifiques ont fait récemment une nouvelle découverte : le striatum ne fait tout cela que dans la mesure où il peut le faire toujours plus.

Programmés pour vouloir toujours plus

Lorsque les neuroscientifiques ont découvert les neurones enfouis au fond de notre striatum, ils ont commencé par croire que leur fonction était essentiellement de libérer de la dopamine et de susciter une sensation agréable lorsque l'objectif était atteint. C'est vrai, mais les progrès scientifiques des dernières années ont largement fait évoluer cette conception. Certes, les neurones du striatum et de l'ensemble du circuit de la récompense, comme on l'a baptisé, nous attirent vers ce qui procure de la nourriture, du sexe, du statut, de la facilité et de l'information. Certes, ils le font parce que cela confère de meilleures chances de survie. Mais les chercheurs ont découvert plus tard que ces neurones possédaient en réalité une qualité bien plus importante : ils sont à la base de nos processus d'apprentissage.

Lorsqu'on place un rat dans un labyrinthe qu'il doit explorer pour trouver de la nourriture, on constate dans un premier temps que les neurones reliant son aire tegmentale ventrale à son noyau accumbens (dans le striatum) libèrent un excès de dopamine lorsque, après s'être engagé dans un couloir, il trouve, au bout de ce couloir, un morceau de fromage. Le rat éprouve donc du plaisir, mais c'est la deuxième partie de l'expérience qui est la plus intéressante. Si l'on replace le rat à l'entrée du labyrinthe, et qu'il s'engage dans le même couloir, on observe alors que ses neurones libèrent de la dopamine *dès l'entrée du couloir*. Le rat anticipe le morceau de fromage au bout du chemin. S'il s'engage dans le corridor et, parvenu à son extrémité, il y trouve le morceau de fromage qu'il attendait, on s'aperçoit alors que ses neurones à dopamine ne font rien. Ils restent inertes. C'est comme s'il n'y avait plus de plaisir, car le rat avait prévu de trouver cette nourriture et le résultat est conforme à ses attentes.

En revanche, si le morceau de fromage est absent, les neurones à dopamine s'éteignent carrément et le cerveau subit une perte nette de dopamine, ce qui crée une punition neuronale : le résultat est inférieur à l'attente. Cette punition agit comme un message interne qui dit au rat : « Change de comportement, celui-ci ne fonctionne pas. » Le rat s'engage alors dans un autre couloir. Comme il ignore encore ce qu'il va y trouver, il ne forme pas d'attente sur la présence ou l'absence d'un morceau de fromage. S'il en trouve un, ses neurones à dopamine déchargent puissamment. La fois suivante, il s'engagera dans ce nouveau couloir. Si le morceau de fromage est au bout, ses neurones à dopamine resteront indifférents car il s'attendra à trouver sa nourriture. Mais si, par chance, il trouve deux morceaux de fromage au lieu d'un, ses neurones à dopamine déchargeront de nouveau.

Ce que montre cette expérience, c'est que notre système de récompense ne s'active que si nous obtenons plus que ce que nous attendions. Les résultats anticipés ne produisent pas de plaisir. Seul un résultat supérieur aux prédictions est valorisé. La maxime de notre comportement est :

MON CERVEAU ME RÉCOMPENSE SI J'OBTIENS PLUS QUE LA DERNIÈRE FOIS.

Il est aisé de comprendre pourquoi ce système constitue un puissant outil d'apprentissage. Tout comportement (par exemple, se diriger dans un couloir plutôt que dans un autre) qui améliore le résultat final est sélectionné aux dépens de ceux qui ne font que reproduire les acquis précédents. Ce système cérébral est une force d'optimisation et d'amélioration.

Une affaire de connexion

Du point de vue des apprentissages humains, nous voyons très bien de quelle façon cela peut se traduire. Mettons que vous appreniez à jouer du piano. Votre professeur vous enseigne une façon de procéder, par exemple un doigté particulier pour aborder un passage difficile. Au bout de quelques jours, vous vous apercevez que vous jouez le passage nettement mieux. Le piano sonne bien, les gens autour de vous s'arrêtent pour écouter, vous pouvez commencer à envisager d'entrer au conservatoire ! Mais au bout de quelques semaines, vous avez l'impression de stagner. Vous perdez cette excitation du début, vous éprouvez une sensation d'ennui ou de frustration. Cette fois, votre professeur vous montre un nouveau doigté, qui demande un peu plus de travail. Un mois plus tard, vous constatez que vous avez gagné en fluidité et que les personnes qui vous entendent jouer applaudissent avec enthousiasme. Une nouvelle décharge de dopamine a lieu dans votre striatum, et ce nouveau comportement est automatiquement renforcé dans votre cerveau.

Les travaux du neuroscientifique Wolfram Schultz, de l'université de Fribourg en Suisse, ont contribué à mettre en évidence ce fonctionnement de notre système d'apprentissage. Lorsque nous réalisons un mouvement, ou prenons une décision quelconque, des neurones situés dans la partie externe du cerveau, le cortex, entrent en action et préparent ce mouvement. Ces neurones possèdent de fins prolongements qui établissent des connexions appelées synapses avec les neurones du striatum. Lorsque le geste ou la décision exécutés se traduisent par un résultat meilleur que le précédent, de la dopamine est libérée au niveau de ces synapses par les neurones issus de l'aire tegmentale ventrale. Cette dopamine agit comme une colle neuronale [1] : les neurones du cortex qui ont exécuté le geste ou la décision en question se trouvent soudain soudés à ceux du striatum, de sorte que l'acte en question est gravé dans le marbre du cerveau. De cette façon se trouvent stabilisés les comportements qui ont livré des résultats meilleurs que les précédents.

Évidemment, l'inverse est vrai : si une nouvelle action produit un résultat moins bon, l'approvisionnement en dopamine est coupé et la connexion commence à s'affaiblir. Si le résultat est le même que précédemment, la connexion est simplement maintenue. Et si un autre geste donne un meilleur résultat, une nouvelle connexion plus puissante est créée pour ce nouveau comportement, reléguant le précédent aux oubliettes.

L'expérience du rat dans le labyrinthe, décrite au début de ce chapitre, n'est qu'un exemple tiré de l'environnement d'un laboratoire pour mettre en avant cette idée de recherche d'une amélioration permanente. Les mêmes observations ont été réalisées sur l'être humain[2-4]. Nous fonctionnons exactement de cette façon. Le concept clé qui fonde cette théorie est cclui de l'erreur de prédiction. Notre cerveau forme constamment des prédictions sur le résultat de chacune de nos actions, ce qui se traduit par la décharge anticipée des neurones à dopamine, dès que nous entamons un acte pouvant déboucher sur une gratification. C'est en fonction de l'écart entre la prédiction et le résultat que le cerveau décide ou non de conserver un comportement. Si l'écart est positif (le résultat dépasse la prédiction), le comportement est fortement stabilisé. Si l'écart est négatif (le résultat est inférieur à la prédiction), le comportement est éliminé. Si l'écart est nul (résultat conforme à la prédiction), une sensation de lassitude s'ensuit et l'on est prêt à prendre toute mesure aboutissant à un résultat supérieur[5,6].

Le rôle de l'erreur est central pour façonner nos comportements. Lorsque les cybernéticiens ont commencé à concevoir des réseaux de neurones capables d'apprentissage, ce qui a donné le jour au *machine learning* et à l'apprentissage profond qui sont aujourd'hui au cœur des intelligences artificielles, ils ont utilisé ce principe, bien avant qu'on ne le découvre à l'œuvre dans notre striatum. Lorsqu'un réseau de neurones est programmé pour réaliser une tâche (par exemple, reconnaître un visage humain), il a pour consigne de mesurer l'écart entre le résultat souhaité et ses propres prédictions. Puis, cette erreur est réinjectée dans les connexions des neurones et le réseau les modifie de façon à réduire l'écart à l'étape suivante de la computation. On parle alors de rétropropagation de l'erreur.

Le régulateur de Watt

Le striatum des animaux fonctionne selon le même principe. Les résultats à atteindre sont les renforceurs primaires (nourriture, sexe, statut, information, moindre effort) et les neurones à dopamine réalisent, dans chacune des situations que nous rencontrons, des prédictions sur notre capacité à atteindre ces objectifs. L'écart entre ce que nous atteignons réellement et cette prédiction est converti en décharge de dopamine – positive si nous atteignons un but supérieur à la prédiction, négative dans le cas contraire.

La découverte de ce mécanisme a confirmé une prédiction brillante réalisée dès 1976 par le biologiste et généticien Richard Dawkins. Dans son livre qui fait probablement partie des dix ouvrages de sciences qu'il faut absolument avoir lus dans sa vie, *Le Gène égoïste*, Dawkins décrit les organismes vivants comme des machines à survie. Chaque animal, en particulier, est porteur de gènes qui le dotent de capacités de survie aptes à transmettre les gènes en question jusqu'à la génération suivante[7]. La question que pose Dawkins est : comment les gènes peuvent-ils construire des organismes qui se comportent de façon à poursuivre des buts fixés à l'avance, comme le fait de s'alimenter ou de se reproduire ? Il introduit une image éclairante sous la forme d'un appareil nommé régulateur de Watt. Le régulateur de Watt est constitué d'une paire de boules tournant autour d'un axe entraîné par un moteur à vapeur. Chaque boule de plomb est montée au bout d'un balancier, de sorte que les balanciers s'élèvent à mesure que la vitesse du moteur augmente. Lorsqu'ils s'élèvent, ils libèrent des soupapes qui permettent à la vapeur de s'échapper, relâchant la pression et diminuant la vitesse. La vitesse diminuant, les boules redescendent et les soupapes se referment, ce qui augmente de nouveau la pression de vapeur et, par la même occasion, la vitesse. Finalement, le régime se stabilise par corrections successives, et atteint une valeur finale qui dépend du réglage déterminé par le manipulateur, lequel a fixé les boules plus ou moins loin le long des balanciers.

Le régulateur de Watt se comporte comme s'il s'acheminait vers un but, qui est la vitesse fixée par le manipulateur. Lorsqu'il tourne trop vite, il ralentit, et lorsqu'il ne tourne pas assez vite, il accélère. Évidemment, l'appareil n'a pas de but conscient car il n'est qu'un assemblage de tiges et de boules métalliques, mais aux yeux d'un observateur extérieur, il se comporte comme s'il poursuivait un objectif. Un rat cherchant son chemin à l'odeur vers un morceau de fromage dans un labyrinthe se comporte, pour un observateur extérieur, de la même façon.

Ce qui permet au régulateur de Watt d'atteindre son but tient au fait que l'écart entre son comportement et le but fixé exerce une action en retour sur son comportement. Il utilise son erreur pour affiner ses actions, les corriger et les amener à un point plus proche du point d'équilibre final. Le régulateur de

Watt fonctionne comme les réseaux de neurones à rétropropagation de l'erreur, et c'est aussi de cette façon que se comportent nos neurones à dopamine, dans notre striatum. Si nos actes nous éloignent de la récompense optimale, ils nous le signalent par un sentiment de déplaisir. S'ils nous en rapprochent, ils nous encouragent par une bouffée de dopamine. Dans cette analogie, on pourrait voir la quantité de dopamine dans le striatum comme l'équivalent de la pression de vapeur dans le régulateur de Watt.

Il existe toutefois une différence notable entre notre striatum et le régulateur de Watt. Lorsque la vitesse de rotation de la machine à vapeur a atteint sa valeur souhaitée, elle la conserve. Or le striatum ne fonctionne pas de cette façon : une fois un certain comportement stabilisé par l'obtention d'une récompense donnée (qui correspond à une certaine pression de vapeur), tout nouveau comportement se traduisant par davantage de nourriture, de sexe ou de statut sera la nouvelle référence. Autrement dit, le striatum est un régulateur de Watt dont le réglage serait susceptible d'augmenter en permanence. Tout se passe comme si la personne maniant ce régulateur déplaçait régulièrement les boules vers l'extérieur pour fixer un nouveau point de référence pour sa vitesse de rotation, lui imposant de tourner toujours plus vite.

Augmenter les doses pour un tour de manège en plus

Ce schéma de programmation a une conséquence dramatique : nous ne parvenons à stimuler nos circuits du plaisir qu'en augmentant les doses. La première fois que nous nous offrons une nouvelle voiture de luxe, cette nouvelle situation stimule fortement nos neurones dopaminergiques car elle dépasse ce à quoi notre système nerveux était habitué. Mais bien vite, tourner la clé dans le contact, sentir le contact moelleux du cuir contre nos cuisses et entendre le rugissement du moteur devient entièrement prédictible par nos neurones de l'aire tegmentale ventrale, et nous ne ressentons plus guère de plaisir. Une telle habituation s'installe très rapidement. Nous nous lassons alors de cette berline qui, quelques semaines plus tôt, nous arrachait encore des cris de ravissement lorsque nous passions devant la vitrine du concessionnaire. Notre regard commence alors à se porter vers d'autres modèles plus luxueux, plus racés ou plus nerveux, plus « suréquipés » (le suréquipement est une petite friandise concoctée par les industriels pour le striatum). Certes, ces nouveaux modèles sont plus chers, mais on nous propose des formules de location longue durée qui nous donnent l'illusion que le sacrifice à payer est somme toute très raisonnable – trois cents ou quatre cents euros par mois, qu'est-ce que c'est ? Il n'y a pas à hésiter devant une telle occasion.

Le problème, c'est que le même processus d'habituation ne tarde pas à s'installer, et qu'il n'a virtuellement pas de fin. L'accroissement de richesse, de nourriture ou de sexe n'engendre un bien-être que très fugitif, qui doit aussitôt être suivi d'un nouvel accroissement. Dans le cas du sexe, cela prend la forme de nouvelles conquêtes. La lassitude dans le couple est en partie redevable de ce mécanisme qui émousse le plaisir par la prédictibilité[8]. Mois après mois, année après année, les neurones du striatum apprennent à savoir exactement ce qui va se passer, et la dopamine se tarit. La réaction programmée par les neurones dopaminergiques est la recherche de nouveauté et de doses plus intenses. Dès qu'un nouveau partenaire sexuel est proposé, le striatum s'illumine de nouveau et la fougue renaît[9].

Mais c'est sans conteste dans les mondes virtuels que la boulimie du striatum bat son plein. Sur Internet, la pornographie se traduit par un renouvellement incessant des vidéos visionnées et une augmentation rapide des doses. Cette mécanique est renforcée par le fait que les stimulations visuelles sont très semblables les unes aux autres, et que les neurones dopaminergiques cherchent en vain à trouver une récompense supérieure à ce qu'ils prévoyaient déjà. Le phénomène d'assuétude est alors flagrant, avec des comportements compulsifs de consommation en boucle et de perte de libido[10].

Il paraît donc très difficile d'enrayer la logique du « toujours plus », qui est au cœur de notre constitution neuronale. Nous en voyons la manifestation la plus flagrante dans les effets du fast-food et du junk-food qui sont les socles de l'épidémie mondiale de l'obésité. Le fast-food a érigé en principe maître la notion d'anticipation de la récompense. Quand le rat entre dans le labyrinthe pour la première fois, il éprouve du plaisir au fond du couloir, lorsqu'il mange le morceau de fromage. Mais à sa deuxième visite, il a repéré l'entrée du couloir et son striatum entre en activité dès cet instant, car il anticipe le morceau de fromage et fait une prédiction sur la gratification qui s'ensuivra. Les chaînes de fast-food tirent tout leur pouvoir de ce mécanisme d'anticipation : elles prennent soin d'afficher des indices visuels caractéristiques sous forme de logos placardés sur les murs de toutes les grandes métropoles et sur les écrans de toutes les télévisions, qui, pour nos neurones dopaminergiques, jouent le rôle de déclencheurs d'anticipation. Sans que nous le sachions, notre cerveau forme en les voyant une prédiction sur la gratification future (une dose nourrissante de graisse, de sel et de sucre combinés), et il le fait de façon si précise et si répétitive que la récompense est exactement conforme à la prédiction. Pour notre cerveau, c'est un jeu à somme nulle. Aucune décharge de dopamine n'est présente à l'arrivée. Le schéma indice-prédiction-résultat est entièrement prévisible. La seule solution pour espérer retirer une sensation de toute cette affaire est d'augmenter les doses.

Tous présidents !

Malheureusement, la même logique est à l'œuvre dans notre recherche de statut social. Une fois une certaine situation acquise dans la hiérarchie humaine, le système dopaminergique s'émousse. Si le chef de service, le député ou la ministre ne parviennent pas à gravir un échelon supérieur en devenant respectivement chef de département, ministre ou présidente, le plaisir s'affadit. Il faut absolument briguer un autre mandat, si possible les cumuler, pour continuer à faire fonctionner l'aire tegmentale ventrale et le noyau accumbens. Un journaliste ayant enquêté sur les candidats à la primaire du parti des Républicains lors de la campagne présidentielle française de 2017 a eu ces mots : « Ils sont tous persuadés qu'ils vont gagner. Non seulement ils croient dur comme fer qu'ils vont remporter la primaire, mais ils sont aussi convaincus qu'ils vont remporter l'élection présidentielle. » Alors, que dire de la perspective de *descendre* d'un cran dans la hiérarchie de ses objectifs et de ses ambitions ? C'est tout simplement insupportable. La dopamine qui circule entre l'aire tegmentale ventrale, le noyau accumbens et les différentes aires du cortex cérébral est responsable du fait que tous les tyrans ou dictateurs des régimes autoritaires s'accrochent au pouvoir même lorsque tout semble contre eux, et sont prêts aux massacres les plus sanglants pour éviter de voir chuter d'un microgramme la concentration de dopamine dans leurs synapses cortico-striatales.

Mais nul besoin d'être un dictateur planétaire pour céder à l'addiction du statut social. Sur les réseaux sociaux, même l'internaute compulsif totalisant trois mille amis sur Facebook cherche en permanence à en obtenir davantage. Dans les expériences que mènent les neuroscientifiques sur nos réactions psychologiques face aux réseaux sociaux, ceux-ci constatent que si le nombre de *likes* que recueillent nos publications sur notre page personnelle baisse, notre striatum réduit sa production de dopamine et nous punit littéralement par une sensation déplaisante qui se traduit, l'instant d'après, par une diminution nette de notre estime de soi. Le striatum ne fait pas dans la dentelle. Il obéit à des lois simples, à l'épreuve des raisonnements, des considérations philosophiques et des regrets. L'activité régulière sur les réseaux sociaux est, pour cette raison, intrinsèquement addictive. Elle appelle toujours plus de statut, sous peine de perdre sa signification. Sur tous ces plans – alimentaire, sexuel, social – nous sommes esclaves d'une propriété très simple de nos neurones dopaminergiques qui conditionne une croissance perpétuelle.

Quelles conséquences cela a-t-il pour notre avenir ? Aujourd'hui, une part importante des décisions qui sont prises à haut niveau relèvent de deux grandes forces : d'une part, les entreprises multinationales qui cherchent, de la même façon, à maximiser leur profit et qui, pour cette raison, n'ont aucunement intérêt à refréner ce penchant de l'humanité pour le « toujours plus » ; d'autre part, les États gouvernés par des striatums isolés (des dirigeants politiques en quête de pouvoir personnel) qui cherchent eux aussi à maximiser leur pouvoir et relaient à cette fin la doctrine la plus largement répandue du toujours plus, à savoir le consumérisme de masse.

Planète pillée

Cette fuite en avant a-t-elle une chance de s'enrayer ? Les mouvements gigantesques de l'économie semblent indiquer le contraire. Aujourd'hui, la phrase qui revient le plus souvent dans les discours publics à propos de l'avenir de la planète est : « Quel monde allons-nous laisser à nos enfants ? » Juste préoccupation. Mais nos décisions ne sont pas le fruit d'une unique préoccupation. Elles résultent d'une mise en balance de plusieurs d'entre elles. Le souci de la qualité de vie de nos enfants en est une, mais elle est de peu de poids car nous savons qu'isoler notre maison, manger moins de viande, remplacer ses recherches sur Google par des entrées directes sur nos sites préférés, privilégier les transports en commun et ne plus prendre l'avion représentent un effort considérable qui n'aura probablement aucun effet sur l'avenir de nos propres enfants si les milliards d'autres êtres humains sur Terre ne font pas le même effort. Or, rien ne dit qu'ils le feront, d'une part parce que nombre d'entre eux souhaitent avant tout accéder à la richesse notamment dans les pays en voie de développement, et d'autre part parce qu'ils se demandent certainement, comme moi, pourquoi ils feraient de tels efforts étant donné que les autres peuvent très bien ne pas jouer le jeu. Nous sommes prisonniers d'un piège circulaire qui se traduit même dans les discours politiques, comme lorsque le président Donald Trump déclare se retirer des accords de Paris car il n'y a aucune raison que les États-Unis limitent leurs émissions de CO_2 si les Chinois ne le font pas de leur côté.

Et de fait, la Chine elle-même est prise dans une contradiction : d'une part, elle cherche à limiter les émissions de gaz à effet de serre, et de l'autre, elle signe des accords qui creusent notre tombe à grands coups de pelle. Le dernier en date, celui passé avec la Russie pour exploiter le plus fabuleux gisement de gaz naturel du monde, découvert dans l'Arctique. Ce projet, développé sur le site de Yamal en Sibérie, vient d'être doté de vingt-sept milliards de dollars d'investissement. Son but est de construire une ville de 22 000 habitants en plein cercle arctique, et de transporter le gaz extrait par brise-glace [11]. Ironie du sort, ce projet est rendu possible par le dégel de la route du nord-est de la Russie, qui est lui-même le résultat direct du réchauffement climatique. Nous sommes engagés dans une spirale infernale où le réchauffement climatique, au lieu de susciter des mesures planétaires visant à en limiter l'impact, est utilisé par les grands décideurs du monde de l'énergie pour extraire encore davantage d'énergies fossiles qui amplifieront d'autant l'effet du réchauffement. C'est la définition d'un processus exponentiel.

Parallèlement à ces choix industriels et économiques aux conséquences désastreuses, les consciences semblent s'éveiller. Le nombre d'articles consacrés au réchauffement climatique et à l'hyperexploitation des ressources de la planète est en hausse très rapide. Les grands sommets sur le climat, comme celui de Paris en 2015, reçoivent un écho planétaire. En Europe occidentale, plus de 80 % de la population n'a aucun doute sur le fait que les activités humaines sont la cause du changement climatique et menacent l'équilibre des systèmes biologiques ainsi que notre propre avenir en tant qu'espèce. Les chiffres dans le reste du monde sont plus variables : aux États-Unis, le rôle des activités humaines n'est reconnu que par 48 % de la population [12]. En Asie, les pouvoirs publics s'alarment des niveaux de pollution, notamment en Chine où il devient impossible aux habitants des grandes cités de vivre sans masque de protection, et où la visibilité se réduit parfois à quelques mètres à cause de la densité des nuages de particules. Déjà, les plus fortunés font construire des dômes de protection au-dessus de leurs palaces pour se préserver des émanations nocives et vivre dans des bulles technologiques.

Il est urgent de ne rien faire

Le spectre de la destruction de l'environnement nous frappe de plein fouet. Il nous fige de stupeur, et nous laisse sans réaction. Nous clamons notre préoccupation, convenons qu'il est urgent d'agir. Mais nous n'agissons pas. Certaines associations ou individus courageux mettent la main à la pâte. Nous trions davantage nos déchets. Nous essayons de mieux isoler nos logements. Mais lorsque des communiqués lucides, fondés sur des mesures scientifiques validées, nous rappellent qu'un seul voyage en avion long-courrier annule, par son impact carbone, les efforts d'un an de tri de déchets ménagers, alors nous préférons penser à autre chose[13]. Modifier en profondeur nos habitudes ? Ce serait trop difficile. Renoncer à des vacances à Bali pour espérer un effet dans quarante ans sur le niveau des mers, et encore, à condition que tout le monde fasse pareil ? Quand on habite à Paris, on n'est pas menacé par la submersion, et à quoi serviraient les climatiseurs, si ce n'était à nous protéger des canicules ? Il faut bien vivre. Alors, si nous pensons bien de temps en temps que nos petits-enfants trouveront un monde en proie aux sécheresses et aux mouvements de population, privé de 80 % de sa faune sauvage, nous nous rassurons en songeant que nous aurons toujours le temps de voir venir. Et quelques minutes plus tard, il y a déjà le match PSG-Real Madrid à la télévision, alors pensons un peu à autre chose.

En 2007 a été communiqué le résultat d'études montrant qu'il n'y aurait probablement plus de poissons à pêcher dans les océans à l'horizon de 2050.

Cela a suscité une réaction d'incrédulité pendant quelques mois, puis on l'a oublié. Tout se passe comme si nous autres êtres humains étions incapables de tirer les conséquences de nos propres observations pour décider d'actes concrets, collectifs et portant sur le long terme. Quelle est la cause de cette impuissance ? Pourquoi la pensée d'une catastrophe future ne nous conduit-elle pas à modifier nos comportements ?

Nous sommes prisonniers du présent

En 2017, les États-Unis présidés par Donald Trump se sont retirés des accords de Paris sur le climat, qui prévoyaient depuis 2015 une série de mesures économiques et industrielles destinées à stabiliser les émissions de dioxyde de carbone à l'horizon de 2030 afin de limiter le réchauffement de la planète à deux degrés d'ici 2100. Sur les réseaux sociaux a circulé une vidéo tournant cette décision en ridicule, où l'on voyait le président états-unien à la tribune de l'ONU, brandissant une pancarte où il était écrit : « Je me fous du climat, car de toute façon je serai bientôt mort. »

Ce message est beaucoup plus profond qu'il n'y paraît. Derrière la dérision des réseaux sociaux, il recèle une vérité qui doit nous interpeller. Certes, nous pouvons penser que Donald Trump est un vieil homme égoïste qui n'a que faire du climat et de la nature, et qui veut avant tout poursuivre son objectif personnel de pouvoir et d'outrance sans considération pour les milliards de personnes qui peuplent la Terre. Mais il y a une autre façon d'entendre ce message. Car au fond, il nous dit : « Vous, moi, nous nous soucions peu de ce qui va se passer dans vingt ou trente ans. Ce qui compte, c'est ce qui se passe maintenant. Nous avons la possibilité de vivre sans restrictions, entourés de gadgets, libres de sillonner la Terre à bord d'avions long-courriers, d'acheter de nouvelles voitures, de nouveaux téléphones et de nouveaux ordinateurs chaque fois qu'une nouvelle version voit le jour, extrayant le pétrole du sous-sol et faisant tourner des serveurs numériques à plein régime. Et nous devrions renoncer à cela ? Au nom de quoi ? Sous prétexte que le futur serait plus important ? »

Allez donc demander à un patron de compagnie pétrolière de cesser de forer le sous-sol en invoquant le futur de la planète dans un demi-siècle. Il haussera les épaules et tournera les talons, en pensant probablement : « Je serai mort dans un demi-siècle. » Si vous parvenez à lui parler du futur de ses enfants, le haussement d'épaules fera peut-être place à un haussement de sourcils. Sans doute pensera-t-il : « Mes enfants trouveront des solutions. Mes enfants seront riches de la fortune que j'aurai amassée et vivront à l'abri des agitations démographiques, dans des palaces climatisés. »

Si vous ne parvenez pas à interroger un patron de compagnie pétrolière, demandez à votre voisin de réduire de moitié sa consommation de viande, pour épargner les sols et les surfaces forestières. « Ne soyons pas dictatoriaux, rétorquera-t-il sur le ton de la conciliation. Nous ne sommes tout de même pas à la veille de la Troisième Guerre mondiale. » Et puis surtout, essayez de parler à vos collègues ou amis de ne pas disposer de la liaison Internet sur leur smartphone, en leur citant les chiffres de l'impact carbone de chaque requête sur le moteur de recherche Google, ou du coût écologique des vidéos de chatons ou de matchs de foot. Vous comprendrez alors quelle est la force du présent. Au moment de faire un petit sacrifice immédiat, c'est comme si nos pensées sur le futur s'évanouissaient comme un mirage. Le plaisir et la facilité que nous pouvons nous offrir maintenant ont cent fois plus de poids dans nos décisions que la considération d'un avenir lointain.

C'est une des grandes lois qui gouvernent le comportement, et elle s'applique dans une multitude de domaines. Un milliard de personnes de par le monde sont des fumeurs. Parmi elles, plus de dix millions meurent chaque année des conséquences du tabagisme, et la moitié mourra à terme d'une de ses causes dérivées, en priorité de maladies cardiovasculaires[1]. Or chacun de ces fumeurs est quotidiennement confronté à un choix simple : soit obtenir un plaisir instantanément tout en s'exposant à d'intenses souffrances pour lui et son entourage dans plusieurs années, soit renoncer au plaisir immédiat, et réduire le risque d'issue fatale dans vingt ou trente ans. Et chaque année, des dizaines de millions de personnes choisissent d'obtenir du plaisir instantanément et de prendre le risque de s'exposer à d'intenses souffrances dans plusieurs années.

Chaque jour, des millions de personnes obèses sont exposées à un choix du même ordre : manger une barre chocolatée ou une portion de frites maintenant, et s'exposer pour des années à une faible estime de soi, au diabète et aux maladies cardiovasculaires, ou bien renoncer à ce plaisir immédiat et vivre dans de bonnes conditions pour les décennies à venir. Là encore, le cerveau fait son choix et il est clair : le présent est roi.

Dans les campagnes de prévention du sida, les psychologues se heurtent régulièrement à l'incroyable vulnérabilité de l'esprit humain devant l'attrait du plaisir immédiat : un adolescent se trouve face à sa partenaire qui lui tend les bras, à deux doigts d'un rapport sexuel terriblement attirant. On l'a prévenu qu'il fallait prendre ses précautions vis-à-vis des maladies sexuellement transmissibles, notamment le sida. Il n'a pas de préservatif sur lui. Que va-t-il faire ? Renoncer à l'appel urgent de l'instant et conserver intactes ses chances de vie future, ou céder au plaisir immédiat en prenant le risque d'être contaminé par un des pires virus qui existent ? Les statistiques montrent que dans une écrasante majorité de cas, le jeune est happé par le présent et perd totalement la vision du futur. Cette faiblesse est un autre bug de notre cerveau. Notre cerveau entrevoit l'avenir par bribes, mais il le perd de vue dès qu'une perspective immédiatement alléchante se présente.

L'expérience du marshmallow

Ce phénomène malencontreux porte le nom de dévalorisation temporelle. Étudié par les psychologues expérimentaux depuis plus de quarante ans, il se résume à une idée simple : plus un avantage est éloigné dans le temps, moins il a de valeur pour notre cerveau (et vous pourrez facilement compléter la phrase en précisant que le coupable de cette dévalorisation est le striatum, comme nous allons le voir). Le premier scientifique à avoir mis en évidence ce phénomène est Walter Mischel, un psychologue américain d'origine autrichienne de l'université de Stanford. Au début de ses travaux, Mischel menait des recherches pour comprendre ce qui permettait aux personnes de résister à l'attrait d'un petit avantage instantané pour en obtenir un plus substantiel dans le futur.

Nous sommes alors à la fin des années 1950, et Mischel met en place une expérience qui va devenir célèbre : l'expérience du marshmallow[2]. Difficile de faire plus simple que ce dispositif expérimental. En fait, avant de l'introduire au laboratoire, Mischel l'a mis au point chez lui, à la table de sa cuisine, avec ses deux petites filles. Aujourd'hui, des vidéos en accès libre permettent de la visualiser sur Internet, d'en rire autant que d'en retirer de profondes réflexions.

Walter Mischel place devant les enfants une friandise (un marshmallow, mais cela peut tout aussi bien être un chocolat ou un bonbon) et explique à l'enfant que s'il n'y touche pas pendant trois minutes, il en recevra deux au lieu d'un seul. Commence alors dans le cerveau de l'enfant une lutte intense entre l'envie de manger immédiatement cette confiserie si tentante, et la perspective plus lointaine d'en recevoir le double. Trois minutes représentent un temps relativement long pour un enfant de 4 ou 6 ans. Et cela se voit dans son comportement.

Le dilemme est flagrant sur les visages enfantins, torturés par cette lutte intérieure. Certains lorgnent avec insistance sur le marshmallow, d'autres le hument avidement, les sourcils se froncent, les nez se plissent, les visages se crispent, les pieds s'agitent furieusement en donnant de grands coups dans la table, finalement un enfant prend la friandise et l'approche de sa bouche, l'éloigne, avant de l'engloutir :

le striatum qui veut manger tout de suite a gagné ! D'autres ont une très bonne idée : détourner le regard. La vision réelle du marshmallow posé devant eux l'emporte bien souvent sur la vision imaginaire des deux bonbons qui pourraient être déposés dans trois minutes, précisément parce que la première est réelle et l'autre imaginaire. Les yeux détournés, les choses changent. L'enfant résiste. Mais il sait tout de même que le plaisir est à portée de main. Certains bambins craquent. D'autres tiennent bon. Le striatum doit alors s'incliner devant la force de la volonté. Et celle-ci, comme nous allons le voir, est imposée par la partie la plus frontale de leur cerveau, qui bloque les injonctions du striatum par des connexions neurones « inhibitrices ».

D'innombrables variantes de ce test ont été imaginées par la suite. Toutes portent sur ce phénomène qualifié de dévalorisation temporelle. Les tests proposés aux adultes utilisent de l'argent, plutôt que des marshmallows. Dans les laboratoires de psychologie, on propose à une personne adulte une somme d'argent qu'elle peut empocher tout de suite, ou une somme supérieure dans, mettons, un an. Le taux de dévalorisation temporelle se calcule en déterminant à partir de quel surcroît d'argent la personne se décide pour l'option différée. Le taux de dévalorisation temporelle varie selon les individus : les valeurs les plus fortes sont observées chez les personnes les plus impulsives, qui sont très sensibles à l'attrait d'une récompense immédiate, vulnérables aux achats impulsifs, aux drogues, au tabac ou à l'alcool. Un fort taux de dévalorisation temporelle est globalement associé à des problèmes sociaux ou professionnels, des démêlés plus fréquents avec la police (des problèmes de violence, difficulté à résister aux provocations par l'anticipation des conséquences) alors que les taux les plus faibles prédisent un bon succès professionnel et social. Dans ses premières expériences, Mischel montrait que la capacité à résister à l'appel brûlant du présent dépendait aussi de la confiance en l'avenir[3]. Par exemple, dans ses premières études, des enfants trinidadiens d'origine africaine avaient grandi dans des familles où les hommes étaient peu présents, revenaient rarement dans le foyer et étaient peu prévisibles. Lorsque l'expérimentateur (qui était un homme) leur laissait le choix entre une récompense immédiate modeste et une récompense différée plus importante, ils saisissaient l'opportunité instantanée, ne croyant pas qu'ils auraient une autre occasion ultérieure, parce qu'ils n'étaient pas habitués à ce qu'un homme tienne sa promesse.

Pour le striatum, le futur ne compte pas

Malgré les variations liées à la personnalité et à l'histoire personnelle, tous les individus sont sujets à la dévalorisation temporelle. C'est un trait constitutif de notre comportement, dont les causes logent au cœur même de notre cerveau, et se sont mises en place déjà bien avant notre naissance. Rappelez-vous le fonctionnement des neurones qui relient l'aire tegmentale ventrale au noyau accumbens, le long de ces deux ou trois centimètres de fibres remplies de dopamine entre votre tronc cérébral et la base de votre cortex. Quand une récompense future est annoncée, ces neurones s'allument au moment de l'annonce du plaisir, en anticipation de la gratification future, comme l'ont montré les travaux de Wolfram Schultz. Mais ce qu'a en outre démontré l'équipe du neuroscientifique, c'est que la force de la décharge de dopamine dépend du délai qui sépare l'annonce de la récompense de sa venue effective. Plus le délai est long, plus la réponse anticipatoire est faible. Pour cette raison liée au fonctionnement même de nos neurones dopaminergiques, il nous est difficile de trouver de l'intérêt à ce qui se situe dans un futur lointain.

Le système de dévalorisation temporelle est au cœur de nos choix dans de très nombreuses situations de nos vies. Étonnamment, une réplique fidèle de l'expérience de dévalorisation temporelle a été fournie à grande échelle en France à l'automne 2018. La hausse des taxes sur les carburants a donné lieu à une levée de boucliers à travers la population et à un mouvement de mobilisation désigné sous le nom de « mouvement des gilets jaunes ». Des sondages ont alors fait apparaître que huit Français sur dix soutenaient cette mobilisation et que pour plus de huit Français sur dix également, la priorité absolue du gouvernement devait être le pouvoir d'achat !

Le gouvernement a défendu sa position en soutenant que les taxes sur le carburant devaient servir à financer la transition écologique vers des énergies renouvelables. Le débat s'est alors cristallisé sur la formule « Fin du mois ou fin du monde ». Autrement dit, le choix serait entre disposer d'un moindre pouvoir d'achat maintenant pour préserver la planète dans vingt ans, ou préserver le pouvoir d'achat maintenant en hypothéquant l'avenir lointain. On ne saurait mieux formuler un choix expérimental de dévalorisation temporelle. La puissance de ce phénomène était telle que, pour la première fois, un vent de révolte s'est levé partout en France, pas même encadré par des organisations syndicales ou des partis politiques. La dévalorisation temporelle activée simultanément dans des millions de cerveaux.

Pourquoi nos cerveaux sont-ils faits pour donner la priorité au présent sur l'avenir ? L'exemple des enfants trinidadiens étudiés par Walter Mischel livre un indice qui nous met sur la piste d'une réponse : quand l'avenir est incertain, mieux vaut se saisir de ce qui se présente à nous, tant que nous en avons l'opportunité. Il semblerait que le striatum des espèces animales qui nous ont précédés sur l'échelle de l'évolution biologique ait été façonné suivant cet impératif. Les études sur le comportement animal montrent qu'il y a généralement un avantage en termes de survie à saisir toute occasion qui se présente immédiatement.

Par exemple, un pic-vert ou une musaraigne découvrant une réserve de vers sous l'écorce d'un arbre ou dans la terre peut choisir de consommer immédiatement cette ressource, ou bien de n'en prendre qu'une partie pour consacrer plus de temps à explorer les autres endroits recelant potentiellement de la nourriture. Les observations réalisées sur le terrain montrent que pour ces animaux, il est plus avantageux de consommer toute nourriture découverte à l'instant[4]. En effet, l'avantage biologique lié à cette consommation immédiate représente un bénéfice concret et certain, alors que celui conféré par une exploration plus vaste est hypothétique, et surtout, l'action consistant à prendre tout de suite ce qui se présente ne diminue pas notablement la probabilité de trouver ensuite d'autres caches à nourriture.

Les avantages conférés par le fait de consommer un maximum maintenant, plutôt que de compter sur l'avenir, sont multiples et variés. Le bénéfice net pour l'organisme le rend plus apte à explorer d'autres lieux, ce qui sera de nature à augmenter ultérieurement ses revenus. La vitalité et la croissance à l'instant T confèrent du statut social et de meilleures chances de reproduction avec d'éventuels partenaires sexuels. Enfin, dans l'hypothèse de ressources limitées intéressant des concurrents, ne pas consommer tout de suite équivaut à perdre tout le bénéfice de la découverte, qui reviendrait à d'autres. Pour la musaraigne ou le singe capucin découvrant des vers ou des feuillages nourrissants, il faut faire vite pour éviter qu'une autre musaraigne ou un autre capucin ne tire les marrons du feu à sa place.

Le point clé à retenir de cette situation écologique est sa durée. Les bénéfices du « tout, tout de suite » nous ont aidés à survivre sur des échelles de temps que nous avons du mal à imaginer. Il s'agit d'ères géologiques, s'étendant sur des dizaines de millions d'années. Des durées qui façonnent sur le long terme les structures de base d'un cerveau humain. Cette période de temps a créé de solides connexions entre les neurones, au cœur du disque dur de nos systèmes nerveux. Que ce soit clair : pendant des dizaines de millions d'années, les animaux possédant un striatum configuré pour préférer les récompenses immédiates ont réussi à se maintenir en vie, et les autres ont été purement et simplement éliminés de la course de l'évolution. Par une conséquence mathématique, tous les vertébrés que nous observons aujourd'hui ont hérité de ce moteur d'impulsivité – et, malheureusement, de cette cécité face au futur.

Une importante nuance mérite d'être apportée à ce fait biologique. L'homme moderne n'est pas entièrement condamné à fonctionner de cette façon. Au cours des dernières dizaines de milliers d'années de son histoire, il a développé une capacité de prévision qui permet, par exemple, à un étudiant de consacrer de longues années à travailler dans sa chambre sans en retirer de profit matériel, espérant décrocher un diplôme qui lui assurera une existence confortable plusieurs années après. Mais ces capacités de prévision sont assurées par d'autres aires cérébrales, notamment les aires du cortex frontal, qui donnent accès à des représentations fictives de l'avenir. Il s'agit d'activités nerveuses très élaborées qui se jouent totalement en dehors du striatum que nous avons hérité des musaraignes et des capucins. La question essentielle qui va se poser est donc de savoir qui, du striatum ou du cortex, a réellement la main sur nos choix et nos décisions.

Cortex frontal et siège de la volonté

La question a été posée par le neuroscientifique Samuel McClure à l'université de Princeton, au moyen d'un test : des volontaires devaient choisir entre recevoir vingt dollars tout de suite ou trente dollars dans deux semaines. Vous pouvez vous-même passer ce test en vous demandant ce que vous auriez fait à la place de ces volontaires. Eh bien, cela dépend des personnes. Dans l'expérience de McClure, certains individus préféraient empocher les vingt dollars séance tenante, peut-être alléchés par la perspective de s'offrir un bon repas le jour même ou d'offrir un cadeau à un ami.

D'autres, en revanche, préféraient attendre. Qu'est-ce qui distinguait les premiers des seconds ?

Pour le savoir, McClure et son équipe ont placé tous les participants dans un scanner à IRM, et, au moment où le choix leur était proposé, ont observé quelles parties de leur cerveau entraient en action. Lorsque les participants optaient pour les vingt euros tout de suite, leur striatum s'allumait. En revanche, ceux qui préféraient attendre pour empocher trente euros activaient leur cortex frontal, c'est-à-dire la partie la plus antérieure du cerveau humain, la plus développée dans notre espèce.

Mais pourquoi le cortex frontal est-il seul capable d'attendre ? C'est parce que dans ses circuits neuronaux circule une information neuronale d'un type particulier, qui permet de garder une même idée présente à la conscience pendant des minutes entières, voire des semaines ou des mois, parfois même tout au long d'une vie. C'est le siège de la volonté et de la planification. Lorsque vous pensez aux trente dollars que vous toucherez dans deux semaines, votre cortex frontal se représente cette perspective avantageuse et est à même, si vous êtes suffisamment entraîné, de réduire au silence le striatum qui voudrait se jeter sur l'option la plus immédiate, n'ayant quant à lui aucune conscience du temps. Il musèle son frère ennemi par le moyen de connexions à longue distance qui forment une gaine nerveuse appelée faisceau frontostriatal, une fibre rapide qui lui envoie des impulsions électriques inhibitrices. Il devient alors possible de privilégier l'avenir à long terme au détriment de la tentation de l'instant. Les personnes qui y parviennent le mieux ont, d'après toute une série d'études réalisées sur le sujet[5], les meilleures chances de réussite dans leur vie professionnelle et personnelle, étant particulièrement aptes à maîtriser les incitations instantanées de leur environnement et à garder en tête des objectifs à long terme.

Qu'est-ce qui permet à une personne de conserver à l'esprit des objectifs importants dans l'avenir, alors qu'une autre ne pensera qu'au présent ? Il est essentiel de répondre à cette question, car notre incapacité congénitale à agir collectivement pour préserver l'avenir des générations futures tient précisément à notre attirance pathologique pour le confort de maintenant. Or, s'il existe probablement des différences de nature génétique entre les personnes capables de penser à l'avenir lointain et celles qui cèdent à l'attrait du « tout, tout de suite », ce sont avant tout des éléments liés à l'éducation et à l'environnement socio-culturel, qui s'avèrent déterminants. Le cortex frontal subit une longue maturation qui dure tout le temps de l'enfance et de l'adolescence. Il s'y produit notamment un processus appelé myélinisation, au cours duquel les neurones se parent d'une gaine isolante de graisse qui accélère leurs capacités de conduction électrique. Les connexions entre le cortex frontal et le striatum, si déterminantes pour permettre au futur de prendre l'ascendant sur le présent, sont alors très plastiques. Elles ont tendance à se renforcer si on les entraîne, et à s'étioler si on ne les sollicite pas assez[6-8]. Chez un enfant de 6 ans, cette connexion, appelée faisceau frontostriatal, est encore immature ; elle ne se renforcera que si ses parents et éducateurs l'encouragent et l'aident à ne pas céder à ses penchants immédiats. Walter Mischel cite l'exemple d'un enfant parti faire une cueillette de framboises avec ses parents. Si ceux-ci l'incitent à ne pas manger tout de suite toutes les baies qu'il vient de récolter, mais à en garder un peu pour les partager avec ses amis, ou en manger le soir à la maison, la connexion se renforcera et, de jour en jour, des situations de ce type permettront à l'enfant d'activer dans son esprit des buts plus lointains qui augmenteront la palette de ses choix et sa liberté d'action.

En 2013, la neuroscientifique Jiska Peper a soumis des enfants au test du marshmallow qui mesure la capacité d'attendre pour bénéficier d'une gratification[9]. Parallèlement, elle a mesuré l'épaisseur de leur faisceau frontostriatal, grâce aux méthodes d'imagerie cérébrale comme l'IRM. Elle a alors constaté que plus le faisceau frontostriatal est développé, plus les enfants sont en mesure de se maîtriser afin d'opter pour l'option différée, et plus avantageuse. Le système cérébral qui nous permet de choisir entre une gratification immédiate et un acte différé est donc plastique ! Il n'est pas figé une fois pour toutes. Les connexions entre neurones sont le siège d'une intense activité qui marie les gènes, les protéines de structure et celles qui régulent le passage des ions chargés électriquement à travers les membranes des neurones, créant les courants électriques qui sont à la base de l'activité nerveuse. Depuis maintenant une quarantaine d'années, on sait que l'activité des neurones modifie la structure de ces derniers, et que des cellules nerveuses qui communiquent de façon répétée ont tendance à raffermir leurs liens. Lorsque nous sommes incités régulièrement, depuis notre plus tendre enfance, à attendre avant de recevoir une gratification, les neurones qui sous-tendent cette capacité produisent de petites excroissances appelées épines dendritiques, qui matérialisent cette aptitude et la renforcent jour après jour, mois après mois, année après année. Sans créer de la frustration chez les plus jeunes, il est donc conseillé de les amener à se représenter l'avenir pour « tenir » face aux appels brûlants du présent immédiat.

Les méthodes pour y parvenir sont variées, et ont toutes été testées et validées expérimentalement, qu'il s'agisse d'augmenter graduellement les temps d'attente avant l'obtention d'une récompense [10] ou de développer la mémoire de travail des enfants, c'est-à-dire leur capacité à maintenir présente à leur esprit une grande quantité d'informations, ce qui les aidera à se représenter consciemment l'intérêt de l'objectif à long terme, sans se laisser distraire par l'appel de l'instant [11]. Toutes ces approches fondées sur l'éducation et l'apprentissage ont un impact sur les connexions neuronales qui font de nous des êtres réfléchis et patients. Si nous voulons former une collectivité humaine apte à saisir les enjeux de l'avenir, ce sont ces connexions qu'il faut développer par l'exigence, la conscience et la persévérance. Où en sommes-nous actuellement de ce projet ?

Action du cortex / action du striatum

Voyons le cerveau humain comme un assemblage de plusieurs modules. Le premier de ces modules, très ancien à l'échelle de l'évolution des êtres vivants, est le mésencéphale, situé à la jonction entre le cerveau et la moelle épinière. Il gère des fonctions essentielles à la survie : manger, se reproduire, dominer, chercher les comportements les plus économes en énergie. Le second, le cortex, élabore des représentations mentales, communique avec ses semblables, planifie des actions, conceptualise. Autant vous dire qu'il n'y a rien de commun entre ces deux individus. S'ils se retrouvaient à la même table le temps d'une soirée, ils n'auraient sans doute rien à se dire. Le premier n'a même pas de conscience. Quant au second, il pourrait soulever des montagnes tant sa puissance est immense, mais il n'a pas d'objectif clairement établi. C'est un colosse aveugle.

À vrai dire, la situation n'est pas à proprement parler celle d'une bonne tablée où les convives se réuniraient à une heure convenue à l'avance. Il y en a qui trichent. Le striatum est venu longtemps avant tout le monde. Il a pris la place centrale. Lorsque, des millions d'années plus tard, les premières formes simples de cortex se sont invitées à la fête, il les a vite mises au pas. Le petit cortex de la souris a dû s'employer à aller chercher du grain pour le plat de résistance. Le plus volumineux cortex du macaque s'en est allé chercher de larges cargaisons de fruits bien mûrs. Puis le cortex géant de l'être humain a été sommé de cultiver la terre pour l'exploiter plus efficacement, de mettre les animaux en enclos.

Il y a quelque chose de très étrange chez le striatum : bien qu'ayant vécu pendant des millions d'années, il est toujours très impatient. Il veut que tout lui soit donné le plus vite possible. Au début, la cohabitation avec le cortex est donc difficile. Celui-ci n'inventera pas tout de suite le café instantané et les applis téléchargeables à la seconde. Il commencera par des pointes en silex qu'il s'agit de tailler pendant des jours avant de partir en chasse et, avec beaucoup de chance, attendre encore des jours avant de ramener un peu de viande à la grotte. Que la traversée du paléolithique est pénible…

Avec le néolithique, ce n'est guère plus brillant. Quand le cortex invente l'agriculture, il se met en tête de planifier les récoltes, de garder assez de nourriture pour passer l'hiver et de semailles pour ensemencer les champs l'année suivante. Le striatum s'impatiente : « Pourquoi n'avales-tu pas ces réserves tout de suite ! Regarde comme elles sont appétissantes ! » Certes, mais on vit alors dans des sociétés où les parents apprennent aux enfants à compter sur l'avenir. Les anciens plantent des arbres qu'ils ne verront pas atteindre leur taille adulte, et dont les petits-enfants seuls jouiront de l'ombrage ; les hommes du village édifient des fermes et des bergeries qui profiteront à leur descendance, des décennies plus tard… Le striatum vit des moments difficiles. Mais que sont mille ou deux mille ans, lorsqu'on a déjà vécu cinq cents millions d'années ? À peine un battement de paupières.

Alors, lorsqu'il se réveille vers la fin du XXe siècle, le striatum n'en croit pas ses yeux. Le cortex a inventé des tas de choses épatantes. Le distributeur de boissons gazeuses, les plats tout préparés qu'on réchauffe en trente secondes au micro-ondes, le TGV, et ce truc de dingue : Internet. Vous pouvez commander n'importe quoi en appuyant sur un bouton, vous l'avez dans la journée, parfois même dans l'heure. Les ordinateurs sont des objets formidables : vous pouvez y faire apparaître toutes les images les plus excitantes que vous désirez, en quelques secondes.

Alors, c'est bon, le cortex peut enfin cesser de faire attendre le striatum. Il n'a plus aucune raison de le faire. Les fibres nerveuses du faisceau frontostriatal n'ont plus besoin d'être renforcées. On peut enfin se reposer et laisser cet animal jouer tout seul dans son coin. Le cerveau peut enfin se passer d'un système fatigant dont la seule fonction est de rappeler sans arrêt au striatum de patienter. La moralité de tout cela est : lorsque vous vous habituez à avoir tout instantanément, vous perdez la fonction physiologique qui permet de renoncer à quelque chose maintenant au profit d'autre chose plus tard.

Le règne de l'impatience

C'est ce qui nous est arrivé. Nous vivons aujourd'hui dans un monde où les délais d'attente pour obtenir quoi que ce soit, qu'il s'agisse de nourriture, d'alcool, de tabac, de sexe, de statut ou même d'argent (à quoi servent les crédits ?) sont raccourcis au maximum. Nous sommes devenus impatients, nous avons tout cédé à nos striatums, et nous ne pouvons plus mettre entre parenthèses le confort immédiat au profit d'un projet futur. Nous aimons toujours faire des projets, mais si c'est au prix de sacrifices réels dans l'instant, nous ne possédons plus la connexion physiologique nécessaire pour le faire. Si on nous dit : dans quarante ans, 30 % des terres habitables seront submergées, nous trouvons cela moins gênant que de renoncer à nos vacances annuelles aux Seychelles, et surtout à une bonne côte de bœuf dans notre assiette.

La très mauvaise nouvelle, c'est que notre dépendance à l'instantanéité semble s'accentuer de génération en génération. En 2017, une vaste étude a été lancée sur les *millennials*, les jeunes nés dans la dernière décennie du XXe siècle et qui ont donc grandi avec les technologies de la communication et des transports rapides, qu'il s'agisse d'Internet, des smartphones, des services de livraison rapide, du TGV ou des banques en ligne. Les sociologues de l'université de Leeds en Angleterre ont notamment examiné leur niveau d'impatience, comparé à celui des générations précédentes. Ils ont constaté que, globalement, les *millennials* se caractérisaient par une capacité d'attente limitée, et qu'ils se reposaient en grande partie sur la rapidité de services en ligne pour obtenir la réalisation de leurs envies. Environ 70 % des jeunes Britanniques recourent aux services de livraison à domicile dans la journée, soit plus de trois fois plus que pour toutes les autres tranches d'âge[12]. Que ce soit pour un cadeau, des habits, de la technologie, des articles de décoration ou des livres, leur raisonnement est : « Pourquoi attendre, si je peux l'avoir tout de suite ? » L'essor des services de livraison rapide (notamment du géant Amazon) a nourri ce besoin en abaissant les délais et en créant un désir accru d'immédiateté. En 2015, une étude plus large réalisée en Grande-Bretagne sur deux mille personnes, montrait que le Britannique moyen était prêt à attendre dix secondes pour obtenir le chargement d'une page Web et seize secondes pour le chargement d'une vidéo, délai au-delà duquel il commence à perdre ses nerfs. Le délai pour faire la queue à un guichet de gare et acheter ses billets atteignait neuf minutes, et au bout de dix-huit minutes en moyenne, on perd patience si un ami ne nous rappelle pas après un message laissé sur son téléphone[13].

Quelle situation de notre passé pourrait-on bien comparer à cet affaiblissement de notre volonté ? Je dirais que le parallèle le plus convaincant est celui que l'on peut dresser avec l'accentuation de la sédentarité.

La sédentarité est souvent évoquée pour expliquer la progression de l'obésité et des maladies cardiovasculaires. Si vous passez vos journées installé dans un canapé à regarder la télévision ou des films sans fournir d'effort physique, vos muscles s'atrophient et tout effort devient plus difficile. Vous aurez naturellement tendance à rester de plus en plus souvent à la maison, vous faisant livrer votre nourriture et vous distrayant en ligne, ce qui réduira d'autant votre capacité à faire des efforts physiques. Or un phénomène similaire se produit à propos de nos capacités de patience : plus la technologie numérique nous propose des outils performants pour obtenir rapidement ce que nous désirons, moins nous développons nos capacités d'attente. Nous nous tournons alors de plus en plus vers les services qui nous satisfont au plus vite, de sorte que les firmes qui proposent les délais les plus brefs acquièrent automatiquement un avantage sur leurs concurrents. Les prestataires trop lents disparaissent et il ne reste finalement que l'offre la plus rapide. On glisse ainsi de la 2G à la 3G puis à la 4G et on ne sait pas encore très bien où cela s'arrêtera. Ce qui importe, c'est que le nouveau délai de livraison devient la norme. Bien sûr, elle consomme plus d'énergie, elle nécessite le fonctionnement de *data centers* toujours plus puissants, mais nous ne pouvons absolument pas nous satisfaire de continuer à la même vitesse, sans même parler de ralentir. Nous glissons progressivement vers un monde où tout va de plus en plus vite. Car la technologie suit, c'est quelque chose qu'elle a toujours fait. Au point que la limite du système est finalement notre capacité à absorber à un rythme suffisant les productions qui en sont issues. Nos ressources mentales d'attente finissent par s'anéantir.

Cerveaux incontinents

La progression de nos niveaux d'impatience a eu de lourdes conséquences sur la santé publique au cours des dernières années. Par exemple, nous sommes beaucoup moins disposés à passer du temps avant de pouvoir consommer de la nourriture, et bien évidemment nous prenons moins le temps de préparer nos repas à la maison, nous tournant plus volontiers vers les plats précuisinés, achetés en supermarché et réchauffés au four à micro-ondes. Jour après jour, les études épidémiologiques et les messages de prévention mettent en garde contre les risques que représentent ces pratiques pour la santé, les plats préparés étant beaucoup moins équilibrés et plus pauvres en nutriments essentiels comme les oméga-3. Mais ce marché du précuisiné est en pleine expansion, à la fois parce qu'il répond à notre impatience grandissante et parce qu'il l'entretient, voire l'accentue. Les recherches sur les pratiques alimentaires ont fait apparaître que notre difficulté à patienter pour obtenir une gratification est effectivement associée à une consommation plus abondante de plats préparés : nous ne pouvons plus attendre, il nous faut tout rapidement, y compris ce qui se trouve dans nos assiettes[14]. Et le fait de manger régulièrement des nourritures riches en sucres et en graisses comme celles qui font l'essentiel du menu des fast-foods produit un état d'impatience que l'on peut même mesurer chez des rats de laboratoire : après avoir été nourris pendant deux mois avec une nourriture de type fast-food, des rats deviennent incapables d'attendre lorsqu'ils sont confrontés entre un choix immédiat mais moins avantageux et une option plus intéressante différée dans le temps[15]. Ils deviennent obèses et impulsifs, allant jusqu'à préférer se gaver de hamburgers même si cela doit se faire au prix de chocs électriques[16].

L'autre conséquence de notre impatience grandissante est que nous ne supportons plus les informations trop longues. Un article de journal en ligne sur un site Web d'information, un texto ou un post Facebook – tout cela doit être court. L'archétype de ce principe est le média social Twitter. La pensée doit y être formulée en un nombre restreint de caractères pour être assimilable. Bons mots, aphorismes, petits faits quotidiens, éruptions émotionnelles, voilà ce qui en résulte. Une information se répand plus facilement si elle est courte et percutante. Il n'y a plus de place pour une pensée étayée et développée. Sur Twitter, la théorie de la relativité ou l'*Iliade* seraient envoyées aux oubliettes de la culture avant même d'avoir été prises en considération par un lecteur quelconque. D'après une récente étude, le temps moyen de concentration d'un individu de 18 ans devant une information digitale est de huit secondes, soit 35 % de moins qu'en 2000[17].

Équipés de cerveaux incontinents, comment pouvons-nous réfléchir à l'avenir de notre monde, à la survie de notre écosystème à long terme et à la préservation de la planète ? Quand des avantages instantanés qui flattent notre striatum en ciblant ses grands besoins primaires comme la nourriture, le moindre effort, le sexe et le statut social nous sont proposés ici et maintenant, qu'est-ce qui pourrait nous empêcher de les saisir sans attendre ?

Au terme de ce processus, l'être humain est devenu un danger mortel pour lui-même. Son programme neuronal profond continue aveuglément de poursuivre des buts qui ont été payants pendant une grande partie de son évolution, mais qui ne sont plus du tout adaptés à l'époque où il s'est projeté. Au regard de sa situation actuelle dans un monde globalisé, l'humain est inadapté. Le drame de sa condition réside dans le fait que ses moyens techniques, tout en s'accroissant au fil des siècles, ont toujours été mis exclusivement au service des objectifs prioritaires de son striatum. L'immense cortex d'*Homo sapiens*, en lui offrant un pouvoir toujours plus étendu, a mis ce pouvoir au service d'un nain ivre de pouvoir, de sexe, de nourriture, de paresse et d'ego. L'enfant surarmé n'a aujourd'hui plus de limites. La grande question qui se pose à nous maintenant est : l'humanité peut-elle sérieusement se définir d'autres buts que ceux de son striatum ?

Troisième partie

LES VOIES DE LA SOBRIÉTÉ

Pouvons-nous reprendre le contrôle de notre destin ?

Les tentatives pour échapper à l'influence du striatum ont, à ce jour, toutes échoué. Pendant un temps, elles se sont efforcées de contrer les impulsions profondes de notre système de récompense. Les stratégies déployées par les anciens, qu'il s'agisse des Grecs comme Platon ou Socrate, de Latins comme Lucrèce, ou des grands courants religieux comme le christianisme ou l'islam, consistèrent à bloquer l'activité du striatum par des commandements moraux et par l'effort de la volonté dressée contre la tentation. Une grande partie du travail d'un chrétien du Moyen Âge consistait à lutter par la volonté contre ses grands renforceurs primaires. Ceux-ci correspondent d'ailleurs en partie aux péchés capitaux : la gourmandise (on reconnaît le renforceur de la nourriture), la luxure (deuxième renforceur, le sexe), l'orgueil (troisième renforceur, le statut social), la paresse (quatrième renforceur, le moindre effort), le péché d'envie étant probablement à rattacher au renforceur de statut social, et le péché de colère étant associé, d'un point de vue neurologique, à d'autres circuits cérébraux. Les religions, en tout état de cause, ont vu dans le striatum la face sombre de l'humain et ont tenté de le réprimer à grands coups d'interdits moraux.

Le striatum ordonne

Cela a fonctionné pendant quelques siècles. Mais cela n'est pas satisfaisant pour autant. D'une part, rien ne permet d'affirmer que les gens s'en sont mieux portés, et d'autre part ce n'est pas une option viable sur le long terme. S'efforcer de lutter contre l'envie de nourriture par la simple force de la volonté est, en pratique, voué à l'échec. Il vient toujours un moment où l'énergie mentale dépensée pour repousser les diverses tentations qui nous entourent (cette belle vitrine ornée d'éclairs au chocolat, l'enseigne de ce fast-food, les sachets de pop-corn au cinéma, la nourriture présente dans le frigo…) vient à s'épuiser. Ce phénomène porte le nom de « déplétion de l'ego » et se constate par exemple à travers des expériences amusantes où l'on observe que des personnes venant de résister à l'envie de manger des chocolats éprouvent ensuite de grosses difficultés à résoudre des problèmes mentaux, ce qui indique que leur énergie mentale s'est épuisée à lutter contre la tentation du renforceur primaire[1]. C'est une des principales raisons qui font que les tentatives pour perdre du poids échouent[2]. Au cours des périodes de l'histoire où la gourmandise, la luxure et l'orgueil ont été menacés de damnation, rien de tout cela n'a empêché les gens de faire bombance quand ils en avaient les moyens, de violer des femmes quand les expéditions guerrières le permettaient, ou de s'entre-tuer pour accroître leur pouvoir personnel et leurs richesses. Aujourd'hui, la situation est encore plus claire depuis que les fatwas contre le striatum appartiennent à l'histoire ancienne. Mais peu importe. Ce qui est plus important, c'est que les idéologies vont et viennent, alors que la seule évolution clairement discernable de l'histoire humaine est celle de l'accumulation de technologie. Bon an, mal an, une tendance de fond se dégage : la quantité et la diversité d'outils techniques dont disposent les humains ne cessent d'augmenter. Or ces techniques sont intégralement au service de nos renforceurs primaires. C'est sans doute la raison pour laquelle la religion ne voit pas d'un très bon œil le progrès technique : celui-ci est avant tout un outil au service de l'animal en nous. C'est vrai au sens propre, car notre striatum est le même que celui d'un singe ou d'un rat. Ce qui nous distingue de ces espèces, c'est l'usage collectif que nous faisons de notre cortex. Et malheureusement, les choses ont fait que ce cortex prend ses ordres du striatum.

Une des raisons de cette distribution inégale des rôles tient à la nature des connexions dans notre cerveau. Celles-ci se résument à un principe simple : « Le cortex propose, le striatum dispose. » Rappelez-vous ce que nous avons vu plus haut : dès qu'une action programmée et exécutée par le cortex se termine par l'obtention d'une des cinq grandes récompenses (nourriture, sexe, statut social, moindre effort ou information), cette action est validée par le striatum qui asperge les connexions de ciment neuronal, la dopamine. En revanche, si nos actes n'atteignent aucun de ces objectifs, ils sont découragés et éliminés. En outre, les actions qui satisfont à cette condition n'ont guère le temps de se reposer sur leurs lauriers :

elles ont tout intérêt à obtenir encore davantage la fois suivante, selon la logique du « toujours plus ».

Dès lors, quel choix avons-nous encore ? La réalisation de nos désirs propres fait partie intégrante du socle de nos valeurs essentielles. Depuis 1968, il est interdit d'interdire, et il est de bon ton de jouir sans entraves. Certes, nous nous rendons compte que cela est en train de puiser sur nos réserves d'énergie, de bien-vivre et d'environnement. Mais il va être difficile de changer de paradigme. Et ce, d'autant plus que nous ne pouvons plus raisonnablement réprimer notre striatum comme nos arrière-grands-parents l'ont fait dans une société souvent corsetée et frustrante. Alors, avons-nous encore des options ?

À vrai dire, il en reste deux. La première, très audacieuse, consiste à prendre le striatum à son propre jeu. Plutôt que de s'opposer à son action de manière frontale, il s'agira de détourner son énergie comme on détourne un fleuve, de façon à alimenter une turbine plutôt que de le laisser dévaster les habitations situées en contrebas.

La seconde approche consiste, quant à elle, à faire appel à une capacité unique de l'être humain : la conscience. Car la force du striatum vient de ce que ses commandements sont non conscients. Ils ressemblent à des ombres. Dès lors qu'ils sont mis en lumière, ils s'évanouissent.

Le striatum de Mère Teresa

Le 13 septembre 1997, la ville indienne de Calcutta est en deuil. Des dizaines de chefs d'État et une foule de près de un million de personnes se pressent sur le trajet d'un cortège funèbre. Sur le même affût de canon où fut transportée, un demi-siècle plus tôt, la dépouille de Gandhi, repose le corps d'une femme de 87 ans qui a voué sa vie aux oubliés, aux pauvres et aux mourants. Cette figure emblématique de l'Inde du XXe siècle laisse un message de total dévouement et don de soi. Née le 26 août 1910, Mère Teresa a fondé dès 1950 un ordre religieux dont l'action sera constamment tournée vers les plus démunis. Après l'ouverture d'un mouroir à Calcutta, lieu qu'elle consacre à la compassion pour les mourants, sans autre espoir que de leur apporter une présence humaine dans la détresse, elle voue sa vie aux pauvres, aux malades et aux mourants, en Inde puis dans d'autres pays, fondant quelque six cent dix missions dans cent vingt-trois pays. Centres d'aide familiale, orphelinats, hospices, maisons d'accueil pour lépreux. Le monde entier en fait une icône ; les chrétiens, évidemment – Mère Teresa est catholique –, mais aussi les musulmans d'Inde qui la qualifient de sainte vivante, voyant en elle une réincarnation de la déesse Kali ; et le dalaï-lama déclarant que pour les bouddhistes, elle peut être considérée comme une boddhisattva, un avatar de Bouddha. Mère Teresa est l'incarnation du don désintéressé, du détachement total des biens matériels et de soi.

Le point intéressant pour ce qui nous préoccupe ici est le fait que Mère Teresa avait aussi un striatum. Elle ne l'utilisait ni pour se gaver de chicken wings, ni pour surfer sur des sites pornographiques, ni pour jouer à *Call of Duty* pendant des nuits entières, ni pour augmenter son nombre de *likes* sur Facebook. Ni même pour rêvasser dans un canapé, la main piochant négligemment dans un paquet de chips saveur sauce barbecue. Elle faisait exactement le contraire de cela. Et pourtant, son striatum n'était pas mort. Il n'était pas même apathique, ni ramolli. Il était probablement plus vigoureux que celui d'un accro au sexe virtuel ou d'un joueur de casino surendetté.

Au début de l'année 2017, deux chercheurs de l'université de Zurich firent une expérience dont les résultats ont positivement surpris nombre d'observateurs. Ils réunirent des volontaires dans leur laboratoire et leur distribuèrent des sommes d'argent que ceux-ci pouvaient soit conserver pour eux, soit partager avec une personne inconnue située dans une pièce voisine. Les chercheurs entendaient étudier les comportements de générosité dans la population. Les participants à cette expérience étaient installés dans une IRM qui mesurait l'activité de leur cerveau au moment où ils faisaient le choix de garder l'argent ou, au contraire, de le partager[3].

Le premier fait important constaté par les scientifiques fut que les femmes avaient tendance, plus fréquemment que les hommes, à partager avec un inconnu la somme d'argent qui leur était confiée. La générosité se manifestait, chez elles, comme un comportement plus solidement ancré que chez les hommes. Mais le plus étonnant fut d'observer ce qui se produisait dans leur cerveau : leur striatum s'activait au moment du partage. Autrement dit, l'altruisme mobilisait chez elles les circuits de la récompense et du plaisir, un terrain habituellement réservé aux grands renforceurs primaires. Le cas des hommes, quant à lui, était beaucoup plus « classique » : ils activaient leur striatum en conservant l'argent pour eux, ce qui cadrait mieux avec l'action d'un renforceur primaire, puisque l'argent a la particularité de procurer tous les renforceurs primaires que l'on souhaite (pouvoir, nourriture, sexe, etc.).

Alors, tout ce que nous avons dit sur le striatum serait-il donc faux en ce qui concerne les femmes ? Pour l'instant, tout ce que signifiaient ces résultats, c'est que l'égoïsme *et l'altruisme* sont l'un et l'autre motivés par le plaisir – plaisir de servir ses propres intérêts dans le premier cas, de donner dans le second. Les chercheurs ont alors pratiqué un test de vérité : si l'altruisme est motivé par le plaisir, toute action entravant les zones cérébrales du plaisir devrait effacer le comportement généreux des femmes. Ils leur ont donc injecté un produit répondant au doux nom d'amisulpride, dont la particularité est de se fixer sur les neurones du striatum et de bloquer leur fonctionnement. Aussitôt, le striatum des femmes s'est éteint et leur comportement altruiste a disparu. Elles se sont montrées exactement aussi égoïstes que les hommes. Conclusion : même les actes les plus désintéressés sont engagés parce qu'ils procurent du plaisir. Parce qu'ils nous font du bien en activant les mêmes zones de notre cerveau qu'un Big Mac, un orgasme ou une promotion professionnelle.

Qu'il est bon de faire le bien…

Cette idée a provoqué en moi un certain inconfort. Faire le bien d'autrui parce que cela me fait du bien me semblait réduire à néant la possibilité d'un véritable altruisme. J'ai donc posé au moine bouddhiste Matthieu Ricard, lors d'un entretien, la question suivante :

« Si l'altruisme nous fait du bien personnellement, cela est-il encore de l'altruisme ; ne serait-ce pas plutôt une sorte d'intérêt personnel bien placé ? » Sa réponse m'a éclairé. « Il n'y a pas de mal à se faire du bien dans l'acte d'altruisme. Simplement, cela ne doit pas être la motivation première. D'ailleurs, cela ne peut pas l'être. Si une personne cherche à se montrer généreuse dans le but d'en retirer des bénéfices, le bénéfice escompté ne sera pas au rendez-vous, et sa motivation s'épuisera assez vite. Lorsque nous faisons un cadeau à quelqu'un que nous aimons, il ne nous vient pas à l'idée de le faire pour nous sentir bien. Et pourtant, nous nous sentons bien. »

Me voilà donc rassuré sur la cohérence interne de la démarche altruiste. Mais la question demeurait : en quoi un acte désintéressé pouvait-il entrer dans les plans du striatum ? Par ailleurs, l'étude d'Alexander Soutschek et de son équipe de l'université de Zurich posait une question très importante du point de vue humain et sociétal : pourquoi les femmes sont-elles plus généreuses que les hommes ? Pourquoi ont-elles plus de plaisir à partager, et comment font-elles pour utiliser leur striatum de cette manière ?

Une première possibilité était que la cause fût purement génétique. À savoir, que les femmes et les hommes diffèrent biologiquement, de manière innée, dans leur tendance à la générosité et au partage. De telles différences pourraient résulter de stratégies évolutionnaires distinctes, les hommes voyant leur succès reproductif augmenter lorsqu'ils se montrent compétitifs vis-à-vis de leurs potentiels concurrents (souvenons-nous du lien entre statut social et descendance), alors que les femmes maximiseraient quant à elles leur descendance en prenant un soin extrême de leur progéniture. Cette possibilité n'est pas absurde, même si elle peut choquer. Concrètement, durant des centaines de milliers d'années, les hommes se montrant les plus âpres à la lutte, à l'appropriation des ressources alimentaires ou au commandement auraient disséminé plus efficacement leurs gènes en accédant à des reproductrices plus jeunes, plus fertiles et plus nombreuses. Cette perspective n'est guère reluisante et heurte nos standards éthiques actuels, mais il se pourrait bien qu'elle ait eu cours pendant une grande partie de notre histoire évolutive, comme l'ont montré les études sur les sociétés de chasseurs-cueilleurs et comme continuent de le suggérer les corrélations observées aujourd'hui dans certaines sociétés occidentales et orientales entre le statut social et le nombre de la descendance masculine.

Toutefois, même si ces déterminants génétiques existaient, ils n'expliqueraient certainement pas toutes les différences de comportement altruiste entre hommes et femmes, et ne figeraient pas une fois pour toutes le niveau de générosité dans la société. Comme l'a suggéré le psychologue cognitiviste Steven Pinker dans son ouvrage *La Part d'ange en nous*, certaines tendances comportementales plus nettement masculines que féminines, dont l'agression physique meurtrière entre individus, ont eu tendance à décliner tout au long des derniers millénaires de notre histoire, sous l'influence de divers facteurs historiques et sociaux, comme l'émergence des États législateurs, du commerce ou des droits de l'homme… et de la femme. La féminisation de la société, en remplaçant progressivement des schémas comportementaux agressifs par des modèles plus axés sur la négociation et la conciliation, a contribué à faire baisser les taux d'homicide. Si la représentation des femmes aux plus hautes instances de décision devait continuer à se répandre, et si le striatum des femmes était constitutivement plus généreux que celui des hommes, il serait envisageable d'évoluer vers des sociétés où les grands renforceurs primaires comme le pouvoir ou le sexe aient moins de poids sur nos existences.

Mais tout cela n'est probablement qu'une façon totalement erronée de réfléchir. En effet, il se peut très bien que les femmes accédant à de hauts niveaux de responsabilité soient munies d'un striatum aussi avide de pouvoir que celui des hommes les plus portés sur la compétition. En fait, les différences constatées dans l'étude de Zurich sont plus vraisemblablement dues à un autre phénomène. D'après les auteurs de cette étude, si les femmes sont globalement plus généreuses que les hommes dans les tests qui leur sont proposés, c'est probablement parce que leur cerveau a été configuré de cette façon dès leur plus jeune âge. Selon cette hypothèse, la société dans sa globalité, depuis les parents jusqu'aux employeurs en passant par les professeurs, apprendrait aux petites filles à se montrer conciliantes et généreuses, et aux petits garçons à endosser le rôle d'individus conquérants, indépendants et combatifs. De fait, ces rôles sociaux sont en vigueur dans une écrasante majorité de sociétés dans le monde, y compris les plus libérales. Dans de très nombreuses familles aux États-Unis ou en Europe occidentale (à l'exception peut-être de la Scandinavie), on valorise les comportements altruistes, doux et pleins de sollicitude d'une petite fille, et on décourage chez elle les velléités égoïstes ou individualistes. C'est tout le contraire du cadre éducatif proposé aux garçons, dont on tolère bien plus facilement les écarts turbulents sous prétexte que « c'est la testostérone ».

Mais heureusement, sans doute les petites filles, malgré l'injustice et le sexisme rampant que reflète cette situation, sont-elles finalement les gagnantes de ce jeu de conditionnement. Leur cerveau ainsi reconfiguré est probablement plus sensible aux autres et, en quelque sorte, en avance sur son temps. Il est étonnant, en se penchant sur l'enfance de Mère Teresa, de constater qu'elle a été soumise à ce conditionnement d'une manière qu'on pourrait qualifier d'extrême (même si, je le répète, le mot conditionnement n'a ici aucune connotation péjorative). Quand elle n'était âgée que de 6 ans, sa mère l'emmenait avec elle visiter les plus démunis, les pauvres, alcooliques ou orphelins. Et elle lui livrait une recommandation invariable et obstinée : « Ma fille, n'accepte jamais une bouchée qui ne soit partagée avec d'autres[4]. » Le partage, enseigné au berceau de manière régulière et dans un constant souci de mise en application et d'exemplarité, devient ici un conditionnement si puissant que le striatum de Mère Teresa ne fléchira plus, en quatre-vingts ans de vocation.

Alors, jusqu'où la plasticité du striatum pourrait-elle être poussée ? Cette possibilité mérite d'être examinée sérieusement, car d'elle pourrait dépendre notre capacité à renoncer en partie aux grands renforceurs primaires qui creusent aujourd'hui notre tombe.

Pavlov, Thorndike et Schultz

J'ai été véritablement persuadé de l'étonnante plasticité du striatum en passant un jour à proximité d'une bouche d'égout. Il s'en dégageait une odeur d'urine macérée absolument infecte, mais qui étrangement éveilla en moi un sentiment heureux. J'en fus évidemment très surpris, et cherchai à en identifier la cause. Je ne tardai pas à me rappeler que, tout petit, en vacances chez mes grands-parents au bord de la mer, nous passions à proximité d'une bouche d'évacuation des toilettes municipales sur le chemin qui menait à la plage. Tout à notre joie et notre excitation à l'idée de jouer dans les vagues, nous ne prêtions guère attention à ces effluves incommodants, mais ils se sont gravés dans ma mémoire olfactive et ont été associés à l'état de bonheur qui succédait invariablement. Je découvris ainsi que l'on pouvait apprendre à aimer quelque chose d'a priori repoussant, à condition que cette chose fût associée à un contexte positif.

Évidemment, je n'avais rien découvert. La notion de conditionnement avait été démontrée un siècle plus tôt par Ivan Pavlov, le célèbre physiologiste russe au chien plus célèbre encore. Le chien de Pavlov recevait à heures fixes un repas qui provoquait, comme chez tous ses semblables, un réflexe de salivation (c'est ce qui s'appelle avoir l'eau à la bouche). Ce réflexe est primaire : il a une fonction physiologique simple, consistant à préparer la digestion des aliments par des enzymes digestives déjà contenues dans la salive. Mais lorsque Pavlov eut l'idée de faire tinter une clochette quelques secondes avant l'arrivée de l'écuelle, il constata que le chien se mettait à saliver, au cours des essais suivants, en entendant la clochette. La réaction physiologique alimentaire avait été déplacée vers un objet qui n'était plus le repas lui-même, mais un stimulus associé de façon répétée à l'aliment. Un stimulus que les neuroscientifiques qualifièrent dès lors de « stimulus conditionné[5] ».

C'est ainsi que nous pouvons nous attacher à l'odeur d'une personne dont nous sommes amoureux, au moindre de ses gestes, à la couleur des rideaux d'un restaurant qui sert de délicieux spaghettis bolognaise… ou à l'odeur d'urine qui précédait de quelques minutes les joies de la mer de notre enfance. Sans le savoir, j'étais moi-même un chien de Pavlov à la plage.

Pavlov a mené ses expériences en 1890. Il ne pouvait donc absolument pas savoir qu'un siècle plus tard, la technologie des scanners et des IRM parviendrait à révéler le fonctionnement d'un cerveau en action, avec tous ses rouages et ses décharges neuronales. S'il avait pu observer l'intérieur du cerveau de son chien avec les outils de l'imagerie cérébrale moderne, il aurait vu le striatum de l'animal s'activer au moment du repas, puis au moment où la clochette retentissait.

Quelques années après Pavlov, Edward Thorndike à l'université Harvard puis Columbia créa le concept de conditionnement opérant. Il observa que si une action (et non plus seulement la perception d'un son) est suivie d'un renforceur primaire, cette action devient elle-même source de bien-être et se trouve renforcée. Dans ses expériences, Thorndike avait placé des chats dans des cages munies de divers leviers et cordelettes. Les chats ne savaient que faire de tous ces appareils, et les actionnaient au hasard. Or, l'un d'entre eux provoquait l'ouverture d'une trappe donnant accès à de la nourriture. Très vite, les chats testés actionnaient le levier de manière répétée[6]. Dans leur cerveau, le schéma moteur conduisant à l'ouverture salutaire de la cage était progressivement stabilisé.

Beaucoup plus près de nous, les travaux de Wolfram Schultz à l'université de Fribourg en Suisse ont montré que ce sont les neurones à dopamine situés dans le striatum qui réalisent ce conditionnement – ou, pour le dire en des termes plus positifs, cet apprentissage. La première fois que le chat appuie sur le levier, le geste n'est chargé d'aucun plaisir ni émotion particulière. Mais une fois qu'il a appris que de la nourriture suit, le geste devient attirant en lui-même. Les neurones du striatum libèrent de la dopamine au moment où le geste est produit, annonçant la récompense future. C'est la raison pour laquelle les dresseurs d'otaries constatent qu'au fil des séances d'entraînement, les animaux en arrivent à aimer exécuter leur numéro, même sans le petit hareng habituellement fourni à l'arrivée.

Le principe du conditionnement opérant règne en maître dans un lieu d'apprentissage par excellence : l'école. Les maîtresses distribuent des bons points aux élèves lorsqu'ils font ce qui est attendu d'eux, et ces bouts de carton n'ont en soi aucune valeur hédonique. Un bon point ne stimule pas les papilles gustatives, ne procure aucune sensation tactile plaisante, et ne dispense pas d'un effort. Simplement, l'élève a appris que ces bons points signifient deux choses : à l'arrivée, il aura un petit cadeau, et puis surtout, cela signifie que la maîtresse est contente de lui et qu'il a de la valeur en tant qu'élève. Peu à peu, le but est que l'élève apprécie de faire les bons gestes pour ce qu'ils sont, et non plus pour les bons points. La théorie du conditionnement opérant prédit que la récompense se déplace en effet, au fil des répétitions, du bon point vers la satisfaction d'écrire *chrysanthème* en plaçant les *h* et le *y* au bon endroit.

Dans la chaleur des foyers, les choses se passent à peu près de la même façon. On ne donne guère plus de fessées aux enfants (la fessée et les punitions sont en soi une forme de conditionnement opérant dit négatif, lui aussi exploré par Thorndike), et il ne serait sans doute pas très productif de leur donner une sucrerie chaque fois qu'ils font quelque chose de bien. Les enfants ne sont pas des otaries : ils sont beaucoup plus sensibles à la valorisation sociale, qui est un très puissant renforceur primaire dans l'espèce humaine. Quand un parent félicite son enfant lorsque celui-ci a réussi à empiler des cubes, avec force cris d'enthousiasme et d'admiration, il lui livre une très forte incitation à continuer. Quand une maman s'extasie devant le dessin que son petit de 5 ans a esquissé en rentrant de l'école, le striatum du bambin retient, là encore, l'information. Et lorsque papa et maman, oncles et tantes et grands-parents approuvent solennellement la petite fille qui vient de partager sa part de gâteau avec son voisin, le striatum de la petite fille commence à apprendre qu'il est doux de partager. Malheureusement, les mêmes encouragements ne sont pas toujours aussi clairs et appuyés lorsqu'il s'agit d'un petit garçon. Surtout, les signes de désapprobation seront très marqués vis-à-vis d'une petite fille si elle se crêpe le chignon avec sa camarade de classe pour savoir à qui est ce stylo fluo, alors que des encouragements seront adressés au garçon qui ne se laisse pas faire si on lui a piqué le même stylo. Les striatums sont à l'affût de ces marques d'approbation sociale, et en font souvent un critère d'acceptabilité et de désidérabilité de toute une série de comportements.

L'apprentissage social est sans doute ce qui explique que les femmes soient plus enclines à partager, dans l'expérience de Zurich en 2017. Et le fait qu'elles activent leur striatum et en retirent du plaisir est tout à fait compatible avec la théorie du conditionnement opérant. Elles ont été conditionnées, depuis leur naissance, pour aimer cela. Mais c'est un bon conditionnement. Si nous voulons tenter quelque chose pour utiliser notre striatum à des fins constructives collectivement, plutôt que destructives pour toute la planète et l'humanité, il serait probablement utile de le généraliser aux deux sexes.

Car ce que nous révèle ce conditionnement, c'est que nous pouvons apprendre à valoriser d'autres comportements que la recherche de nourriture, de sexe, de farniente ou de pouvoir. Ces renforceurs primaires sont actuellement les rois du monde parce que l'industrie parvient plus facilement à les exploiter et à les monnayer. Mais ce n'est pas la seule voie traçable. La générosité féminine n'est qu'un exemple, mais elle nous montre que le striatum peut apprendre à aimer bien d'autres choses, et que nos buts peuvent être redéfinis par un facteur déterminant qui est la norme sociale. Le discours parental, puis celui de l'école, des médias et de la politique, en valorisant socialement des comportements comme l'altruisme, la modération, le respect de l'environnement, peut amener nos striatums à voir les choses sous un angle nouveau. Récemment, un exemple vient d'en être donné en Angleterre. Le gouvernement a proposé d'attribuer des plaques d'immatriculation vertes aux véhicules non polluants. Le but est de créer une nouvelle norme sociale « contagieuse » qui aide les personnes désireuses de franchir le pas en leur montrant que d'autres l'ont déjà fait. Or en Chine, où les plaques vertes existent déjà, il existe une file d'attente de plusieurs mois pour les obtenir, signe qu'elles commencent à être recherchées aussi comme une marque de statut social[7]. Un jour, peut-être, le *nec plus ultra* du snobisme sera d'être sobre et respectueux de l'environnement, et non de posséder un 4 × 4 suréquipé. Dans cette hypothèse, dès l'instant où le statut social sera associé aux comportements respectueux de la planète, la partie sera gagnée. Le striatum sera devenu le moteur de la préservation, et non de la destruction.

Certes, ce type d'approche reste fragile à l'échelle d'un temps très long, car les renforceurs primaires sont ancrés de façon innée dans notre biologie et auront l'avantage de la constance sur des échelles de dizaines de milliers d'années, alors que le conditionnement opérant doit être remis sans cesse sur le métier. Mais si nos sociétés étaient capables d'inventer des rituels sociaux conduisant à accorder un véritable prestige et un statut social avantageux aux personnes respectueuses de l'environnement et des enjeux globaux, nous pourrions être surpris par les possibilités de reconversion de notre cerveau. Les médias, par exemple, gagneraient à inviter sur leurs plateaux les personnes ayant le plus contribué au bien commun par leurs impôts, ou les personnalités politiques ayant réussi à imposer des réductions réelles des émissions de gaz à effet de serre. Il y aurait tout un discours public à inventer pour faire de ces personnes des héros. Aujourd'hui, ce sont les sportifs ou les stars de la téléréalité qui occupent ce rôle, mais ils n'ont généralement pas grand-chose à dire sur l'état du monde et sur notre avenir. Nous les trouvons souvent plus distrayants car ils s'adressent à nos renforceurs primaires, mais pourrons-nous encore longtemps fonder les choix qui engagent notre avenir sur ce type de modèles ? Il ne faut pas sous-estimer la difficulté pour nous de reconfigurer nos schémas de pensée. Tous, qui lisons ces lignes, sommes nés dans une société du spectacle. Nous sommes encore incapables d'imaginer une scène publique dont la mission soit de nous proposer du sens et de la foi. Non pas de la foi en une entité surnaturelle, mais en un principe d'action qui trace un futur. Paradoxalement, si nous voulons aujourd'hui trouver un tel espace public, une fois éteints notre téléviseur ou notre poste de radio, il ne reste que les espaces religieux. Mais faire intervenir Dieu dans ces interrogations ne nous dit pas grand-chose sur notre responsabilité technologique collective, ni sur notre responsabilité neuronale vis-à-vis de nous-même et de notre environnement physique.

Du dévoiement de l'esprit des droits de l'homme

De plus en plus, on parle des réseaux sociaux comme du lieu où se créent un sens nouveau et des idées nouvelles. Oui, les réseaux sociaux, dans une certaine mesure, offrent des sortes de petites scènes publiques où peuvent se déployer ces questionnements. Mais ils sont loin de réunir la société autour d'une vision commune et porteuse. Ils la fragmenteraient plutôt en communautés de croyances ou d'opinions que les sociologues appellent les chambres d'écho. Au sein de ces petits cercles d'individus qui se retrouvent en contact parce qu'ils partagent les mêmes vues sur le monde, les opinions se réverbèrent à l'infini[8]. Dans l'un, on s'accorde à penser que la Terre est plate ; dans l'autre, qu'elle est ronde ; dans un autre encore, que nul n'a jamais posé le pied sur la Lune ; dans un quatrième, que les attentats de *Charlie Hebdo* en 2015 ont été planifiés par le gouvernement français. La croyance dans les théories du complot est la résultante nécessaire d'un monde tellement connecté que vous pouvez toujours trouver sur la Toile quelqu'un prêt à croire en la même folie que vous. La société se morcèle ainsi en petits cercles d'appartenance qui n'ont plus rien de commun les uns avec les autres. Au milieu de tout cela, quelle analyse cohérente peut remporter l'adhésion du plus grand nombre et déboucher sur une action collective sensée ?

Aujourd'hui, les seules valeurs acceptées en commun par une majorité de citoyens du monde occidental sont la liberté individuelle et les droits de l'homme. Mais ce sont précisément les mêmes valeurs qui ont conduit à notre situation présente. Loin de moi l'idée de les mettre au rebut, et j'insiste sur le fait que tout ce qui est écrit ici doit toujours être mis en balance avec le fait que l'économie libérale a fait reculer la violence dans nos sociétés, a pacifié les échanges entre nations, a fait reculer la mortalité infantile, progresser la vaccination et l'alphabétisation. Mais ces valeurs pourraient bien toucher, elles aussi, à leurs limites, du moins dans la façon que nous avons de les mettre en pratique.

En effet, à bien y regarder, elles sont les plus solides alliées de nos renforceurs primaires. Que nous disent les droits de l'homme, en substance ? Que chacun peut faire ce qu'il veut, tant qu'il n'empiète pas sur la liberté des autres. Si je veux posséder, j'ai le droit de posséder. Si je veux avoir plusieurs partenaires sexuels, j'ai le droit d'avoir plusieurs partenaires sexuels. Si je veux m'informer, j'ai le droit d'être informé. Et ainsi de suite. Les droits de l'homme sont finalement les droits pour chaque individu d'assouvir ses renforceurs primaires.

À l'époque des Lumières, défendre de tels droits représentait un objectif légitime, car ceux-ci étaient refusés à une majorité d'êtres humains. Mais les grands esprits qui les ont rédigés (qu'il s'agisse des pères de la Constitution américaine ou des penseurs de la Révolution française) ne s'imaginaient sûrement pas que deux siècles après leur mort, l'acquisition de ces droits reviendrait, dans 99 % des cas, à voir les êtres humains manger, copuler, se hisser au-dessus des autres, consommer de l'information jusqu'à l'écœurement et fournir le moins d'efforts possible. Ils ne pouvaient pas savoir que nous serions des milliards équipés de connexions Internet, d'automobiles à moteur thermique et de transports aériens vingt-quatre heures sur vingt-quatre. C'est pourquoi, sans renier l'apport de l'humanisme libéral, nous ne pouvons pas faire comme si les idéaux proclamés à l'époque de la meule à grain et du char à bœufs pouvaient rester pertinents pour nous apprendre comment gérer le rejet de dix milliards de tonnes de déchets par an par les foyers de la planète – ce qui représente trois cents tonnes à chaque seconde[9] –, le visionnage de cent trente-six milliards de vidéos pornographiques à l'année[10] ou encore la disparition d'une espèce vivante toutes les vingt minutes, c'est-à-dire à une cadence cent à mille fois plus élevée que le rythme naturel en l'absence d'activité humaine[11]. Se contenter de brandir les libertés individuelles pour affronter l'obstacle démesuré qui se profile à notre horizon frise l'inconséquence. Cela relève d'un anachronisme comparable aux moines du XVe siècle faisant des prières pour faire reculer l'épidémie de peste noire. Il fallait des antibiotiques. Et personne n'avait la moindre idée de ce qu'était un microbe, encore moins d'un composé capable de détruire ce microbe. Nous allons devoir nous dépêcher pour combler, sur le plan des valeurs et des idées, le fossé qui sépare la prière des antibiotiques.

Dans un essai récent qui articule la pensée de Sartre, celle de Heidegger et le courant de recherches de la psychologie existentielle, le philosophe Carlo Strenger estime que nous ne savons plus vraiment quoi faire des libertés individuelles pour lesquelles se sont battus les penseurs des Lumières. Une fois acquis le droit de l'individu à l'autonomie de ses choix et de ses croyances, c'est-à-dire le droit de donner à sa vie la direction qu'il souhaite, définir cette direction est devenu une tâche bien ardue. La direction n'étant plus fixée par la religion, ni par un régime politique totalitaire, chacun de nous doit créer son propre sens. Nous sommes confrontés à un travail considérable qui consiste à trouver une justification à notre existence et à nos actes, en dehors des grands systèmes de valeurs qui ont prévalu par le passé.

Murs, dénis, ego

Lorsque nous saisissons cette liberté à bras-le-corps, nous constatons que notre existence est brève et vouée au néant. Cette prise de conscience est insupportable et débouche, selon les travaux expérimentaux menés par des chercheurs comme Jeff Greenberg, Sheldon Solomon et Tom Pyszczynski depuis les années 1990, sur trois types de réactions : soit nous nous identifions à des groupes d'appartenance qui nous donnent l'illusion que nos valeurs continueront à vivre après notre mort (fanatisme, nationalisme ou communautarisme), soit encore nous nous arrangeons pour penser à autre chose, soit enfin nous cherchons à nous percevoir comme plus forts et plus résistants que nous ne sommes[12]. La première option de ce triptyque nous renvoie évidemment à la prolifération de groupes identitaires dans nos sociétés et dans d'autres franges de l'humanité allant des communautarismes urbains d'Occident aux groupes fanatiques du Moyen-Orient en passant par les autonomismes catalan, corse, écossais aux nationalismes hongrois, russe ou serbe, au repli identitaire des États-Unis ou aux fanatismes identitaires hindouiste en Inde ou islamiste au Pakistan… Un processus mécanique d'après la psychologie existentialiste, et qui se traduit par un phénomène directement mesurable en géopolitique : la prolifération des murs frontaliers à la surface de la planète, que ce soit entre les deux Corées, l'Inde et le Bangladesh, le Maroc et la Mauritanie, le Brésil et la Bolivie, l'Iran et l'Irak, l'Inde et le Pakistan, Israël et la Cisjordanie, la Hongrie et la Serbie, la Russie et l'Ukraine, le Botswana et le Zimbabwe, l'Ouzbékistan et le Turkménistan, la Macédoine et la Grèce, la Grèce et la Turquie… des murs dont la longueur cumulée n'a cessé d'augmenter depuis la fin de la Seconde Guerre mondiale, pour atteindre aujourd'hui vingt mille kilomètres[13].

La deuxième réaction du psychisme humain confronté à sa propre liberté et à sa finitude est le déni. L'important est ici de ne pas penser que l'on est seul face à son destin auquel il s'agit de donner un sens tout en le sachant condamné. La possibilité du déni est offerte à un échelon industriel par la société du divertissement. Le symbole de cette fuite est aujourd'hui l'écran. L'objet roi de notre siècle est le smartphone, la tablette, l'écran d'ordinateur ou de télévision. L'écran entraîne constamment notre pensée à distance de cette préoccupation angoissante. Il parvient à remplir chaque moment de flottement, à nous maintenir pendant des années, parfois toute une vie, loin du questionnement central. Grâce à l'écran, nous n'avons plus de temps libre et nous n'avons plus à nous confronter à notre liberté. Les stimuli rapides, conçus avec adresse pour capturer notre attention, activent de manière automatique les aires de notre cerveau qui pilotent cette attention, sans effort aucun. Ce qui rend le moment de solitude inactive, de silence et de vide, d'autant plus angoissant. Au point que, laissés un quart d'heure sur une chaise sans rien faire, la plupart d'entre nous préfèrent encore s'envoyer des chocs électriques, plutôt que d'être confrontés à ce silence, comme l'a récemment montré une expérience devenue célèbre publiée dans la revue *Science*[14].

La troisième voie que nous empruntons pour conjurer la double conscience de notre liberté et de notre finitude est l'amplification du Soi. Si je me sens mortel et fragile, je vais m'arranger pour me sentir plus fort, et potentiellement indestructible. L'obsession de la santé, l'essor des clubs de fitness et des régimes végans, de même que l'apparition d'une nouvelle pathologie appelée orthorexie qui désigne une obsession de l'aliment sain, en sont des manifestations.

Mais l'irruption du concept d'estime de soi sur la scène de la psychologie populaire est sans doute plus révélatrice encore. L'estime de soi reflète nos tentatives de nous renforcer face à l'enjeu de la mort. Les psychologues Jeff Greenberg, de l'université de l'Arizona, Sheldon Solomon du Skidmore College et Tom Pyszczynski, de l'université du Colorado, l'ont montré à travers leurs brillantes expériences, reprises plus de deux cents fois depuis le début des années 2000 : lorsque nous avons brièvement conscience du néant qui nous attend tout au bout de notre trajectoire sur Terre, nous manifestons alors une attirance puissante pour tout ce qui peut renforcer notre estime de soi [15]. Il peut s'agir de succès professionnels, de compliments de notre entourage, de recherche de célébrité [16] mais aussi d'augmentation de notre statut social par des achats de biens de luxe, d'automobiles ou d'appareils d'électronique sophistiquée, ou par la fréquentation assidue des réseaux sociaux. L'essor des émissions de téléréalité qui font miroiter à des millions de jeunes la perspective d'un quart d'heure de célébrité conforme à la prophétie d'Andy Warhol, mais aussi les 2,5 milliards de personnes qui courent après les *likes* sur Facebook, nous montrent toute la puissance de ce réflexe existentiel.

La donne va changer. C'est maintenant inévitable. Nous avons poussé à bout ce système de déni et de recherche pathologique d'estime de soi, sans parler de la montée des nationalismes qui n'a jamais été aussi inquiétante depuis la fin de la guerre froide. Nous avons complètement dévoyé l'idéal libéral issu de l'humanisme des Lumières en réduisant la liberté à la possibilité pour chacun de satisfaire ses besoins pulsionnels – besoin de s'alimenter, de consommer du sexe et de l'information, de minimiser ses efforts et de gonfler son ego. Pire, chacun aujourd'hui souscrit à ce contrat : pour bénéficier de ces avantages primaires, nous acceptons explicitement ou tacitement de livrer quantité d'informations sur nos vies privées *via* les réseaux sociaux ou les sites commerciaux, informations en partie captées par les grandes entreprises du numérique et centralisées par les agences de surveillance nationale de nombreux États[17]. Notre liberté nous importe aujourd'hui beaucoup moins que notre confort. L'évolution des médias vers un modèle gratuit matérialise ce chemin à sens unique : au début du XXIe siècle, personne n'imagine plus de devoir payer pour consommer de l'information, surfer sur Internet ou visionner des vidéos de reportages, de documentaires ou de musique en ligne. Si 4,6 milliards de personnes[18] regardent le clip de *Despacito* de Luis Fonsi, c'est parce qu'elles peuvent le faire sans débourser un centime. Ces mêmes personnes se moquent éperdument de savoir qu'elles versent aux annonceurs publicitaires de YouTube le prix d'une modification profonde et inconsciente de leurs comportements. Des recherches en psychologie expérimentale, comme celles du professeur Courbet à Marseille, révèlent en effet que les bannières publicitaires et autres « pop-ups » (annonces qui font irruption de manière intempestive sur notre écran et que nous nous empressons de chasser en cochant la petite croix salvatrice) laissent une trace sur notre psychisme pendant plusieurs mois et orientent nos choix d'achat[19] sur Internet ou dans les rayons des supermarchés. D'une certaine façon, tant pis si nos choix sont influencés, du moment que nous avons accès à des stimulateurs de notre striatum à titre gratuit et illimité.

Un réveil difficile

Opérer ce glissement a été fatal, car en agissant ainsi nous perdons justement toute liberté et tombons dans un esclavage, ne faisant que suivre les programmes biologiques profonds de notre cerveau reptilien, sans possibilité de choix, gouvernés par des flux de dopamine qui remplacent la libre décision par la mécanique de l'inflation des besoins et des désirs. Nous constatons avec amertume que la liberté de droit sans la recherche d'une liberté réflexive nous a fait retomber dans l'esclavage.

Nous touchons à un point limite où le renoncement à nos libertés a des conséquences matérielles directes sur notre environnement et nos possibilités de survie à long terme. L'industrialisation de ces réflexes par notre tissu technologique planétaire va atteindre les limites de notre économie et de notre écologie. Face à cette limite, le réveil va être dur. Un des électrochocs que nous allons subir est la mort d'une certaine conception de l'espoir. Quand un citoyen du monde moderne voit le jour, il est aussitôt, sans même s'en rendre compte, nourri de l'espérance qu'avec du talent et de la volonté, il pourra obtenir à peu près tout ce qu'il veut. On lui promet de la mobilité, du confort, du luxe, des responsabilités, s'il se montre suffisamment habile. Le dogme central de nos sociétés, la liberté, n'implique-t-il pas la possibilité sans limites de circuler, de voyager toujours plus loin ? Le droit aux soins n'est-il pas aussi un droit à une vie toujours plus longue ? Les univers virtuels ne représentent-ils pas l'espoir de plaisirs sans limites, notamment sur le plan du jeu et du sexe ? Que nous le voulions ou non, nous sommes pétris de cette attente. Nous nous prenons même à rêver d'un tel accroissement de l'espérance de vie, à tel point que la mort elle-même cesserait d'être une menace, ce que des gourous futurologues nous aident à fantasmer et qui représente la forme ultime du déni que dénoncent Solomon, Greenberg et Pyszczynski.

Comment imaginer, dans de telles conditions, que nous puissions accepter de vivre avec moins, d'espérer moins de confort, moins de plaisir immédiat, de nous rationner en un mot ? Comment faire accepter au striatum une baisse de ses renforceurs primaires, autrement dit, une baisse de plaisir ?

Maintenant que vous connaissez le fonctionnement de notre système de récompense, vous savez que c'est impossible. Il est toujours possible de s'arranger pour que votre striatum associe du plaisir à d'autres comportements que ceux initialement prévus par l'évolution (par exemple, un sentiment de bien-être avec une odeur d'urine macérée), mais au bout du compte il lui faudra toujours sa dose de plaisir. L'équation semble alors sans solution : comment fabriquer plus de plaisir avec moins de stimulations ? Comment générer plus de dopamine en mangeant moins de viande, en roulant avec une plus petite voiture, en utilisant un téléphone portable démodé et en ne recevant une augmentation de salaire que tous les cinq ou six ans ?

Vous rêvez, ou quoi ?

C'est le moment de vous parler de l'expérience du grain de raisin.

Faire plus avec moins : la puissance de la conscience

Il y a une chose que je n'ai pas encore dite à propos de mon voyage de jeunesse au Canada. Pour l'instant j'ai surtout insisté sur l'état de dénutrition totale où notre groupe d'apprentis-aventuriers se trouvait en arrivant dans cette petite ville en bordure de nationale, en décrivant avec quelle goinfrerie je m'étais jeté sur le petit-déjeuner à volonté offert par l'hôtel. Mais il s'était produit au début de cette aventure quelque chose d'au moins aussi important qui mérite à présent d'être mentionné. Alors que nous complétions notre ravitaillement pour nous élancer sur les lacs déserts à bord de nos canoës, nous avions poussé la porte de ce qu'on pourrait appeler une épicerie de la dernière chance, sur les bords du lac. Les produits proposés dans cet établissement nous avaient, disons-le franchement, rebutés. Il s'agissait de denrées alimentaires peu ragoûtantes pour nos gosiers de Français délicats. Imaginez des œufs durs baignant dans du sirop, des sachets de chips aux oignons à l'odeur pénétrante, de larges saucisses rose fluo qui semblaient avoir baigné dans des nitrites dopés au colorant chimique, un traitement peut-être nécessaire pour assurer leur conservation dans ces contrées reculées. Renonçant aux œufs au sirop, nous avions acheté des chips aux oignons que nous avions aussitôt jetées aux poissons, les jugeant impropres à la consommation – du moins selon nos critères.

Restait la saucisse fluorescente.

Nous commençâmes à y goûter du bout des lèvres, une fois que toutes nos provisions furent épuisées. Une demi-journée après, nous l'avons entamée plus sérieusement, lors d'un repas improvisé au milieu d'un champ de framboises sauvages. Sans véritable plaisir.

Puis nous avons marché. Deux jours durant, sans rien à nous mettre dans le ventre. Nous avions laissé nos canoës à un point relais, et le tracé de notre itinéraire nous amenait sur les contreforts d'une montagne dont il nous fallait franchir la crête pour rejoindre la civilisation.

Deux jours sans manger, ce n'est pas le bout du monde, en comparaison de ce qu'ont eu à endurer tant d'êtres humains au cours des périodes de privation les plus dures de l'histoire. Mais pour nous autres, petits étudiants frais émoulus, c'était une épreuve. Lorsque nous sommes arrivés au sommet de la montagne, la vue n'était pas particulièrement belle. Il faisait gris et le sommet du mont était un tas de cailloux couverts de lichens. Je me suis assis à l'écart. J'avais dans mon sac une tranche de saucisse rose fluo. Une tranche d'à peu près un centimètre d'épaisseur, et de sept ou huit centimètres de diamètre. Je l'avais conservée, emballée dans du papier aluminium. J'ai commencé à en couper de petits morceaux et à les mettre dans ma bouche.

Aujourd'hui, chaque fois qu'on me demande quel a été le meilleur souvenir gustatif de ma vie, je n'ai aucune hésitation. C'est incroyable à dire, mais c'est celui de cette abominable saucisse chimique à la couleur de Malabar rose électrique. Alors que j'étais assis sur ce tas de rochers moussus, chaque parcelle de cette nourriture explosa dans ma bouche comme tous les festins du ciel. Chaque molécule diffusa dans mes muqueuses, irradia dans mon œsophage et, de façon instantanée, à travers toutes mes viscères et mes muscles. Mon être avait été profondément altéré par le manque, et celui-ci avait formé une véritable caisse de résonance amplifiant les effets de la nourriture. Le plus petit gramme de protéine et de graisse y était multiplié par cent, et son écho résonnait comme les trompettes du paradis.

J'y pense encore de temps en temps, avec un véritable sentiment de réconfort. La faim a aussi gravé dans ma mémoire le souvenir des petits lichens orange et verts sur les pierres de cette montagne. L'instant est là, prêt à ressurgir. C'est un des faits de ma jeunesse que je trouve beaux, rétrospectivement.

Depuis, les années ont passé et je me suis progressivement intéressé au fonctionnement du cerveau, d'abord dans le monde de la recherche, puis dans celui de la communication scientifique et des médias. Au cours des deux dernières décennies, j'ai assisté à l'éclosion d'un phénomène nouveau : l'intérêt pour la méditation et les techniques qu'on regroupe sous la dénomination de « pleine conscience ». Jusqu'au jour où, voici environ deux ans, dans le but de constituer un dossier pour mon journal, j'ai demandé à un de nos auteurs, le psychiatre Christophe André, de m'expliquer comment ces techniques de pleine conscience pouvaient modifier notre rapport à la nourriture. Il m'a parlé alors d'une sorte de technique thérapeutique qui m'a aussitôt fait penser à mon expérience avec ma saucisse fluorescente sur la montagne canadienne. Nous pourrions appeler cette technique la « technique du grain de raisin[1] ».

Tout le bonheur du monde dans un grain de raisin

Prenez un grain de raisin sec dans un de ces sachets que l'on peut trouver sur les étagères d'un supermarché, à côté des noix de cajou, des cacahuètes et des fruits séchés. Simplement, au lieu de plonger votre main dans le sachet et d'y piocher une large poignée pour l'enfourner aussitôt dans votre gosier, saisissez-vous délicatement d'un unique grain, un petit grain ratatiné, entre le pouce et l'index. Regardez-le attentivement, de très près.

Examinez ses contours, ses plis et ses creux, sa teinte brunâtre, presque dorée. Même petit, il est riche de mille détails. Cela vaut la peine de l'observer, l'attention ouverte, presque avec étonnement. Puis, approchez ce grain de vos narines. Sentez-vous cette odeur sucrée, à peine acidulée, si caractéristique ? Prenez le temps de vous laisser pénétrer par cette senteur. Vous pouvez aussi constater la légère salivation qui se produit dans votre cavité buccale. En quelques instants, vous venez de prendre conscience d'une foule de détails que vous ne perceviez même pas lorsque vous étiez habitué à mâchonner des assortiments d'apéritif en riant avec une bande d'amis. Dans ces circonstances, entre le moment où votre main plongeait dans le bol d'amuse-gueules et celui où vous déglutissiez, il se passait à peine une insignifiante seconde, durant laquelle votre cerveau pensait à autre chose, ou à rien du tout, étant peut-être occupé à regarder un collègue lever son verre dans votre direction, ou un présentateur d'émission télévisée faire une blague sur un invité. Pendant cette seconde, des dizaines de ces grains de raisin et de noix de cajou ont entamé leur passage éclair vers votre œsophage et votre estomac.

Vous allez comprendre pourquoi cette distinction compte. Maintenant que vous avez observé et humé attentivement votre petit grain de raisin, mettez-le dans votre bouche. Mais ne le mâchez pas. Sentez son contact sur votre langue, et les petites décharges gustatives que cela provoque, sans même l'ingérer. Faites-le passer, du bout de votre langue, entre vos lèvres et vos dents. Sur son sillage, une saveur sucrée s'étire. Des picotements acidulés se dégagent. Essayez à présent de le faire glisser vers l'arrière de votre bouche, entre vos molaires. Testez sa résistance et sa texture. C'est vraiment la consistance caractéristique d'un grain de raisin. L'envie vous titille, certes, de le mâcher définitivement puis de l'avaler. Ou peut-être pas. Car une fois installé dans ce temps long, on s'y sent bien. Alors commencez à en exprimer le suc, à en détailler la saveur. Ramollie, sa peau s'ouvre et laisse émerger sa pulpe condensée. C'est immense, ce qu'il y a dans un grain de raisin. Une fois que vous l'avez bien mâché, avalez-le et notez la longue rémanence qu'il laisse derrière lui, qui envahit votre bouche et vos sens. Si vous avez bien fait l'exercice de A à Z, peut-être s'est-il passé cinq, dix ou même quinze minutes.

Cette technique « du grain de raisin » est proposée dans des groupes thérapeutiques pour des personnes ayant des difficultés avec leur poids, ou qui n'arrivent pas à maîtriser leurs pulsions alimentaires. Les études menées sur ces groupes de patients qui suivent ces ateliers montrent que leur niveau de plaisir augmente effectivement, sans qu'ils aient besoin de manger beaucoup[2].

Le but est de rajouter un peu de conscience dans nos actes du quotidien. Le plus souvent, nous nous alimentons de manière automatique, ingérant de grandes quantités de nourriture, pensant à la bouchée suivante avant même d'avoir terminé celle que nous avons prise. Nous ne le savons pas toujours, mais c'est notre striatum qui nous incite à prendre « toujours plus », obéissant à l'avidité des neurones dopaminergiques. Le reste de votre cerveau participe-t-il ou non à cette dégustation, pour lui donner un sens, une appréciation ? Ce n'est pas son problème. Cela lui est égal. Votre niveau de conscience n'entre guère en considération.

D'ailleurs, si votre conscience est occupée à autre chose (par exemple, si vous êtes distrait ou captivé par la vue d'une série télévisée, ou d'un flash d'information), vous continuerez à ingurgiter la nourriture au même rythme, et même à un rythme plus élevé car votre cortex n'enregistre pas la sensation gustative, olfactive et tactile représentée par l'apport nutritif dans votre bouche et dans votre conduit digestif. C'est pourquoi il est particulièrement néfaste, en termes d'équilibre et de poids corporel, d'avoir pour habitude de manger devant sa télévision. Les études sur ce sujet ont montré que nous ingérons entre 36 % et 71 % de calories en plus, car la prise alimentaire se fait alors sous contrôle automatique, sous le plein commandement du striatum, qui est dépourvu de conscience[3-5].

Conscience, ouvre-toi !

Mais l'inverse se produit quand, au lieu de jeter notre conscience sur le bas-côté, nous la remettons dans le jeu – et, mieux, nous l'affûtons et la fortifions. C'est une de ses grandes qualités, que d'être malléable. Vous pouvez vous en rendre compte en fermant les yeux, puis en tendant l'oreille aux sons qui vous entourent, ceux auxquels vous ne prêtez habituellement pas attention. Un craquement de porte, le bruit d'un vélomoteur qui pétarade dans la rue, le vent qui siffle contre les volets, un froissement de papier ou une quinte de toux d'un de vos voisins. Tous ces sons ne sont tout simplement pas enregistrés par votre cerveau si vous êtes absorbé par une tâche (un calcul mental, une discussion téléphonique, une préoccupation à propos d'une facture à payer). Mais une fois que vous leur ouvrez votre conscience, ces petits bruits la remplissent complètement. Il en va de même de nos perceptions gustatives. Le grain de raisin est bien peu de chose, en termes de quantité nutritive. Mais la perception de son goût, des sucres et des arômes qu'il renferme n'a pas de dimension fixe : leur dimension est déterminée par votre conscience. Si l'on y est suffisamment attentif, ils auront autant de valeur sensorielle qu'un sachet entier de biscuits d'apéritif pour qui n'y prêterait pas attention, et dont les ressources cognitives seraient absorbées par le fait de « scroller » sur son smartphone. La conscience est une caisse de résonance pour nos perceptions, et cette caisse de résonance peut réellement nous donner plus avec moins. C'est cela que révèle l'expérience du grain de raisin. Nous pouvons augmenter, par le pouvoir de notre esprit, un aspect du monde physique.

Quand je parle de magnifier les stimuli physiques par le pouvoir de l'esprit, soyons bien clair : il s'agit du pouvoir des neurones, et non d'une entité immatérielle non mesurable empiriquement. Je me place dans un cadre conceptuel où la conscience est produite par nos cellules cérébrales, et l'accroissement d'intensité perceptive dont il est question correspond bel et bien à une augmentation d'activité cérébrale dans des régions formellement identifiées de notre encéphale. Celles-ci s'articulent en grande partie autour du pivot de la conscience qu'est le cortex préfrontal.

Ce qui importe ici, c'est la conclusion. Et celle-ci est qu'en développant notre caisse de résonance sensorielle, nous pouvons faire croire à notre striatum qu'il obtient davantage de plaisir, alors que nous lui en donnons moins *quantitativement*. Manger un peu moins, mais en prenant le soin de percevoir de façon plus intense et plus pleine ce que nous absorbons, est une façon de duper notre striatum, et il l'a bien cherché. En outre, le temps employé à goûter ces sensations permettra à la sensation de satiété de s'installer. Celle-ci a en effet besoin d'au moins vingt minutes pour être émise par nos viscères et parvenir au cerveau. Le point critique est que celui-ci reçoive le message, « l'entende » au sens propre. Car la satiété n'est pas un message très puissant. Si l'on ne prend pas la peine d'y être attentif, on peut facilement l'ignorer, et continuer à manger au-delà de ses propres besoins.

Nous pourrions de même fabriquer plus de plaisir avec moins de stimulations, dans le domaine social. Plutôt que de chercher à augmenter sans cesse le nombre de nos amis sur Facebook, nous pouvons investir dans la qualité de ces relations. Aujourd'hui, on nous fait croire qu'il faut avoir une voiture au moins aussi luxueuse et sophistiquée que le voisin pour être heureux. Une des toutes dernières publicités de la marque automobile Peugeot s'adressait ainsi aux femmes en leur expliquant qu'une de leurs amies avait déjà probablement le nouveau modèle avec toit ouvrant personnalisé et toutes les commandes digitales. Dès lors, l'auditrice n'avait – selon l'annonceur – plus qu'un seul choix : demander à sa meilleure amie de lui prêter sa voiture, ou bien se rendre chez son concessionnaire Peugeot et faire l'acquisition d'un modèle personnalisé encore plus impressionnant que celui de son amie. Le vrai choix posé ici est : accepter l'échelle de valeurs diffusée par le spot publicitaire – et, dans ce cas, considérer que le plaisir (sans même parler de bonheur) passe par la case concessionnaire – ou imaginer la version « pleine conscience », consistant à prendre du plaisir à conduire sa vieille voiture démodée et à chercher également du plaisir dans des relations avec ses amies dans lesquelles n'entrerait pas de notion de comparaison sociale.

Développer notre conscience de ce qui nous entoure n'est pas un but abstrait et irréalisable. Il existe des techniques éprouvées pour cela, qui sont globalement regroupées dans le courant des techniques de méditation de pleine conscience. La méditation de pleine conscience est une discipline du corps et de l'esprit, dépourvue de toute connotation religieuse dans sa version laïque (ou associée au bouddhisme dans ses versions traditionnelles), qui consiste à développer la maîtrise de son attention dans un premier temps, pour ensuite affiner sa capacité de prendre conscience de tout ce qui se passe autour de nous et en nous. Sans vouloir entrer dans un exposé détaillé des pratiques de pleine conscience, qui constituent un phénomène de grande ampleur à l'échelle mondiale et qui font l'objet de multiples ouvrages et publications scientifiques, signalons que de nombreuses expériences de neurosciences, utilisant les techniques les plus récentes d'imagerie du cerveau, montrent que la pratique régulière de la méditation de pleine conscience renforce le système immunitaire, réduit les risques de nombreuses maladies dont les maladies cardiovasculaires et la dépression, améliore le contrôle de l'attention et de la concentration, et se traduit par un meilleur niveau de bien-être et d'épanouissement général.

Rééduquer son cerveau pour apprendre la modération

Un des principaux avantages qu'offre la méditation de pleine conscience, c'est de nous affranchir en partie de nos automatismes. Cet aspect est crucial pour la prise en charge des comportements d'addiction, qu'il s'agisse du rapport compulsif à la nourriture, au sexe ou à Internet. En effet, certaines personnes se tournent vers la nourriture de façon quasi automatique lorsqu'elles traversent un état de tension, de tristesse ou de désespoir. Pour une personne obèse, le fait de croquer une chips ou un carré de chocolat a été associé, depuis de longues années, à un sentiment de réconfort passager, à tel point que ce geste s'est automatisé et est réalisé « hors conscience », sans que la personne puisse en quelque sorte reprendre le contrôle de ses décisions. Or, après un programme de plusieurs semaines d'entraînement à la pleine conscience, le cerveau redevient capable, au moment où l'émotion négative surgit (à l'occasion d'un moment de blues, de stress avant un examen ou une présentation de projet), de détecter cet état affectif, de mettre un nom dessus et de le voir en toute lucidité. Le simple fait de mettre cet état à distance et d'en avoir pleinement conscience crée une légère distanciation et un temps de réflexion. « Qu'est-ce que je suis en train de ressentir ? D'où vient cette émotion ? Est-ce une bonne idée de manger pour essayer de la faire disparaître ? Quel est mon choix ? »

Dans les faits, l'utilisation des thérapies de pleine conscience dans le traitement de l'obésité donne d'assez bons résultats. Pour en évaluer l'effet, les chercheurs réalisent ce qu'on appelle des méta-analyses, qui sont des synthèses statistiques de nombreuses recherches sur la question. En 2016, deux méta-analyses portant respectivement sur 12 et 15 études ayant réuni 626 et 560 participants obèses ou en surpoids ont révélé des résultats étonnants : tout d'abord, le programme de méditation de pleine conscience se traduisait par des pertes de poids de 4,2 kilogrammes au bout de six semaines de pratique en moyenne, et atteignait 9,9 kilogrammes six mois plus tard[6,7]. À titre de comparaison, les pertes de poids obtenues à l'aide de régimes restrictifs combinés à de l'activité sportive n'avaient qu'un effet marginal, de 1,6 kilogramme. Ensuite, chez les patients boulimiques, la fréquence des crises passait en moyenne de 18 crises de boulimie mensuelles à 5 crises mensuelles[8]. La tendance s'est récemment confirmée avec la publication, début 2018, d'une autre méta-analyse ayant regroupé 1 160 sujets obèses, avec des pertes de poids de 3,5 kilogrammes en moyenne[9].

Les études réalisées en laboratoire ont montré qu'une alimentation riche en graisses et en sucres, comme celle proposée par les chaînes de fast-food, entraîne des comportements d'alimentation compulsive qui escamotent le sentiment de satiété et amènent l'individu à dépasser sans cesse les limites de ses besoins physiologiques. Grâce à l'imagerie cérébrale, les chercheurs ont découvert l'origine de ce problème : à force d'ingurgiter une nourriture qui hyperstimule le système de récompense et la libération de dopamine, celui-ci s'émousse et perd progressivement les molécules essentielles à la transmission de l'information entre les neurones, les fameux récepteurs de la dopamine[10,11]. Le striatum des personnes obèses qui pratiquent le *binge eating* (alimentation compulsive et excessive) perd sa sensibilité et la seule solution devient alors de stimuler le système encore davantage en mangeant des quantités toujours plus importantes. La répétitivité et la familiarité des aliments consommés jouent sans doute un rôle important dans cette perte de sensibilité, car le striatum libère de moins en moins de dopamine en présence d'une gratification trop prévisible.

Le parallèle entre l'obésité et les addictions laisse penser que les techniques visant à acquérir une meilleure conscience de nos états émotionnels constituent une approche intéressante pour lutter contre les addictions. Chez les patients toxicodépendants, la sensation de manque crée un stress difficilement contrôlable, que l'individu cherche à atténuer en consommant la substance addictive. Parfois, des fluctuations d'humeur entraînent également un état affectif instable, vécu comme une forme de détresse, que l'on cherche également à dissiper par la consommation de la drogue. Une multitude d'études ont tenté de mesurer l'impact d'un entraînement à la pleine conscience sur la fréquence des rechutes et l'intensité de ces états de stress. Au mois d'avril 2017, des chercheurs de l'université d'État du New Jersey [12] ont eux aussi synthétisé l'ensemble de ces travaux, réunissant les résultats de quarante-deux études sur ce sujet. Ils ont conclu que la méditation de pleine conscience réduit significativement la consommation de drogue, le risque de rechute après un arrêt et l'intensité du stress ressenti en l'absence de substance. Il en résulte que la pleine conscience est un outil d'importance pour lutter contre les toxicomanies, et contre les addictions en général.

Retrouver la profondeur du temps

Un des problèmes que rencontrent à la fois les obèses et les personnes en situation d'addiction est l'impossibilité de résister à une envie puissante qui surgit dans l'instant. Au moment où le manque se fait sentir, la petite voix intérieure qui nous dit : « Tiens bon, tu en tireras des bénéfices plus tard » se heurte à la force de la dévalorisation temporelle. Le profit envisagé à long terme lorsqu'on se retient de manger ou de se droguer paraît presque inconsistant, et il est de bien peu de poids devant la force de l'appel de l'instant, que celui-ci prenne la forme d'un hamburger, d'une bouteille d'alcool, d'une cigarette, de vidéos pornographiques ou de drogues dures. Le cerveau de l'addict accorde une valeur maximale à ce qui se passe ici et maintenant, et une valeur pour ainsi dire inexistante à ce qui arrivera demain ou dans un an.

Le lien entre la dévalorisation temporelle et le comportement compulsif ou addictif apparaît clairement dans certaines expériences menées en laboratoire. Par exemple, lorsqu'on soumet une personne obèse à un test de dévalorisation temporelle faisant intervenir de la nourriture, on constate que cette personne est focalisée sur la récompense immédiate, et que sa résistance à l'impulsivité s'effondre. La seule chose qui compte alors à ses yeux, c'est la nourriture qui se trouve à portée de main, et tout de suite. Même si vous faites miroiter à cette personne un avantage futur qui prenne également la forme de nourriture, l'instant présent conservera l'exclusivité de ses choix [13]. Or, et c'est là le point intéressant, le fait de se livrer à des programmes de méditation de pleine conscience semble réduire fortement la dévalorisation temporelle et redonner une meilleure conscience de l'avenir. Lorsqu'une personne atteinte d'alimentation compulsive s'inscrit à un programme de méditation de pleine conscience appliqué à la nutrition, elle allonge progressivement sa durée de conscience et commence à privilégier le long terme sur le court terme.

Cette observation est absolument cruciale. Elle concerne le principal obstacle qui nous empêche de nous projeter dans l'avenir. Face aux enjeux climatiques, nous sommes comme une personne accro à la nourriture devant une tablette de chocolat : incapables de penser à notre avenir et entièrement happé par le présent. Nous perdons de vue le long terme et favorisons notre plaisir instantané. En découvrant que les techniques mentales qui développent notre niveau de conscience peuvent efficacement lutter contre le biais de dévalorisation temporelle, les scientifiques nous indiquent donc une voie possible pour nous sortir de ce piège : augmenter notre niveau de conscience global. Nous immuniser, par le pouvoir de notre cortex, contre l'appel du « tout, tout de suite ». Récupérer le pouvoir de la réflexion au long cours sur notre avenir. De telles pratiques nous donnent plus de liberté pour prendre en main notre destinée.

Nous aurons affaire à un rude parti adverse. Car le monde que nous avons créé tend à produire l'effet inverse. Par exemple, le fait d'être exposé régulièrement à des nourritures de type fast-food augmente l'effet de dévalorisation temporelle, réduisant notre fenêtre de visibilité de l'avenir[14]. Plus nous consommons de telles nourritures, moins nous sommes capables de résister à nos impulsions et d'exercer notre libre arbitre à long terme. Inutile, donc, de pratiquer la pleine conscience tout en continuant à nourrir ce système qui nous nourrit mal et qui produit des conséquences délétères sur notre fonctionnement cérébral.

Croissance matérielle ou croissance mentale ?

Dans d'autres cas, les automatismes qui nous guident sont liés à notre désir de statut social. Lorsqu'on évolue à des postes à responsabilité, on ne cherche bien souvent qu'à s'élever davantage. Ce réflexe, dicté par le fonctionnement des neurones dopaminergiques, est en grande partie automatique et inconscient. Comme nous l'avons vu plus haut, dès que les neurones du striatum se sont habitués à un certain niveau social, ils s'émoussent et l'on ne ressent plus rien, de sorte qu'il devient impératif de s'élever d'un cran supplémentaire pour les stimuler. Autrement dit, ce processus d'incrémentation ne produit aucune satisfaction durable. Il ne peut pas apporter de bonheur. En revanche, s'arrêter un moment en chemin, faire une pause, se rendre compte de la chance que l'on a de pouvoir vivre en ayant un toit sur la tête, d'avoir à manger chaque jour et l'accès à des soins médicaux peut rouvrir la porte du bien-être en brisant le cercle de l'accroissement permanent et du « toujours plus ». Il s'agit alors de se donner le temps de pratiquer des activités que nous aimons, tout simplement. De façon étonnante, c'est ce dernier aspect qui, selon la majorité des études sur le bien-être, est associé au sentiment de bonheur[15].

Finalement, dans nos tentatives de nous affranchir du déterminisme de notre striatum, l'enjeu de la conscience se révélera central. La plupart de nos actes sont entrepris avec un très faible niveau de conscience. Lorsque nous vaquons à des tâches ménagères, prenons le chemin du travail, faisons du vélo ou du footing, quand nous nous brossons les dents ou sommes à table, nous agissons le plus souvent de manière machinale. Même lorsque nous nous livrons à des activités intellectuelles, il serait faux d'affirmer que nous le faisons en toute conscience.

Le paradoxe humain tient au fait que nous sommes dotés d'un cortex cérébral d'une très grande puissance de calcul, que nous employons essentiellement à des fins utilitaires, de performance et de technique. Depuis plusieurs millénaires, notre pouvoir d'abstraction, de conceptualisation et de planification nous sert principalement à concevoir des outils et des machines qui améliorent notre confort, notre accès aux ressources alimentaires et notre santé. Nous vivons mieux, nous vivons plus longtemps, nous succombons moins aux maladies et ne mourons plus de faim. En 1920, 82 % de la population mondiale vivait dans l'extrême pauvreté, définie par un revenu quotidien inférieur à 1,9 dollar (la valeur du dollar étant indexée au niveau de vie de chaque période de temps considérée)[16]. Aujourd'hui, seuls 9,6 % de l'humanité vit en dessous de ce seuil. Bravo au cortex ! Magnifique réussite pratique ! Mais, derrière cette fantastique capacité à trouver des solutions technologiques pour améliorer notre vie matérielle, les forces profondes qui nous animent restent totalement impénétrables. Nous excellons dans l'art de réaliser nos objectifs, pas dans celui de les établir. Le seul critère qui guide notre action est la faisabilité technique. Quand nous trouvons un moyen de cloner des petits singes, ce qui est l'ultime étape avant de cloner des êtres humains et vient d'être réalisé en 2018[17,18], nous le faisons automatiquement parce que « si notre génie technologique peut le faire, alors il n'y a aucune raison de ne pas le faire ». Nous ne nous demandons ni pourquoi nous cherchons à faire cela, ni si cela a un sens. Quand nous développons des utérus artificiels[19] qui permettront bientôt de mener une grossesse extra-utérine intégrale, la prouesse technologique suffit à elle seule à justifier le passage à l'acte.

En somme, nous nous comportons comme des êtres dotés d'un haut niveau d'intelligence mais d'un faible niveau de conscience. C'est une différence essentielle.

Il est rare que nous pensions à établir cette distinction. L'intelligence élabore des solutions, génère des calculs, met en application des objectifs et des programmes. Mais elle peut très bien le faire sans que la conscience intervienne à une quelconque étape du processus. L'exemple le plus flagrant nous vient des robots, ou des intelligences artificielles. Aujourd'hui, des algorithmes intelligents sont capables de réaliser des tâches hautement complexes pour prédire la météo à plusieurs jours, envoyer des sondes dans l'espace, battre le champion du monde d'échecs et même, depuis peu, les meilleurs joueurs de go. Mais le logiciel qui bat le champion du monde d'échecs n'a pas de conscience. Il n'a pas de désirs personnels, pas d'émotions, il ne peut ni jouir ni souffrir. Il n'est bon qu'à une chose : jouer aux échecs de façon divine. L'architecture neuronale des intelligences artificielles ne remplit pas les prérequis pour produire de la conscience, comme le fait de brasser différents types d'informations sensorielle, motrice, mnésique et émotionnelle dans une même structure logicielle, ou la capacité à se représenter ses propres états mentaux[20]. L'être humain, lui, est doté d'une conscience mais celle-ci est souvent négligée et nous la développons beaucoup moins que l'intelligence. Cette dernière est promue à tous les échelons de la société, que ce soit pour réussir à l'école, pour devenir avocat, ingénieur ou chef de projet dans n'importe quelle branche de l'économie. Mais à quel moment demande-t-on à un ingénieur réseau, un développeur de ligne de cosmétiques, ou un dirigeant d'entreprise automobile : « Avez-vous conscience de ce que vous faites ? »

Une conscience à la hauteur de notre intelligence

Amener notre degré de conscience à un niveau comparable avec notre niveau d'intelligence sera sans doute un enjeu de premier plan pour l'avenir de notre espèce. Les conséquences de ce choix vont d'ailleurs devenir criantes assez vite. Dans le monde qui se prépare, de plus en plus de gens vont passer moins de temps au travail et plus de temps à des activités de loisir. Que feront-ils de ce temps ? L'emploieront-ils à visionner des vidéos sur des terminaux de plus en plus perfectionnés et réalistes, à jouer à des jeux en ligne hyper-réalistes et à surfer sans fin sur les réseaux sociaux ? Ou bien chercheront-ils à développer leurs capacités mentales conscientes, pour vivre de manière plus lucide tout en diminuant la quantité de leurs stimulations sensorielles ?

La bataille paraît, a priori, bien inégale. Les ressources du virtuel, appuyées par le développement rapide de l'intelligence artificielle, semblent sans limites. Nous évoluerons bientôt dans des mondes virtuels qu'il sera très difficile de distinguer de la réalité.

Jusqu'à présent, l'être humain a généralement été amené à faire la différence entre ses désirs et la réalité. Dès l'âge de 7 ans, une partie de notre cerveau se charge concrètement de ce travail. Le cortex préfrontal, en maturant progressivement, apprend que les contes de fées ne sont pas réels, que le père Noël n'existe pas, puis qu'il faut travailler pour gagner sa vie, et qu'on ne peut pas voler au-dessus de Manhattan avec une cape rouge en dominant le monde.

Sur le plan sexuel, le fossé qui sépare les désirs de la réalité se traduit par ce qu'on appelle les fantasmes.

Les fantasmes sont des créations de l'esprit qui mettent en scène des situations hautement désirables mais que l'on sait irréalisables. Par exemple, vous pouvez rêver que vous passez une nuit d'amour avec une actrice sublime ou un acteur très séduisant, mettons Scarlett Johansson ou George Clooney. Pour la plupart des gens, ces scénarios sont irréalisables et donc fantasmés. C'est à votre imaginaire de construire des situations fictives pour vous en donner l'illusion. Bientôt, tout cela sera terminé (on pourra trouver que ce n'est pas si mal).

Depuis quelques mois s'est développé sur Internet le phénomène des *deepfakes*[21], des vidéos composites qui réalisent exactement ce fantasme. Des développeurs de logiciels astucieux ont trouvé moyen de mixer des vidéos tournées par des stars du X et de remplacer leur visage par celui d'actrices célèbres. La différence est impossible à déceler. Le logiciel procède en échantillonnant des millions d'images de vidéos de l'actrice lors de ses représentations officielles, de ses films ou de ses clips publicitaires, et en les injectant dans les traits faciaux de l'actrice du X. L'illusion est troublante. Vous pouvez voir votre actrice préférée dans les activités les plus torrides. Le numérique a concrétisé votre fantasme, en deux dimensions pour l'instant. La troisième dimension est en train d'arriver sur le marché avec des casques de réalité virtuelle qu'il suffit de connecter à votre smartphone ou votre terminal Internet pour être totalement immergé dans la scène. Il ne paraît pas du tout irréaliste que, dans quelques décennies, des millions de personnes occupent une part importante de leur temps à naviguer dans des univers virtuels leur proposant toutes les variantes possibles de leurs rêves les plus fous, sur le plan sexuel mais aussi pour toutes les autres dimensions de l'existence. Vous pourrez être un jour George Clooney, ou vivre dans la peau de Roger Federer ou Jean-Sébastien Bach, ou encore ressentir ce que cela fait d'être un dauphin caracolant parmi les vagues du Pacifique.

Il ne faut pas se leurrer. Ces extraordinaires artefacts ne feront que répondre à la demande de nos neurones dopaminergiques logés dans notre mésencéphale. L'option que je viens de décrire ne représente qu'une inflation grotesque de nos renforceurs primaires. En suivant cette voie, nous ne ferons que nous engager toujours davantage dans ce vieux schéma où le striatum commande et le cortex exécute. La mise en œuvre industrielle de ce programme humain ne peut faire que brûler de plus en plus de ressources naturelles, en isolant les habitants de la planète dans des espaces virtuels coupés d'une nature désormais dévastée.

La seconde voie sera l'évolution vers une société de la conscience. Cette fois, la réduction du temps de travail et la prise en charge du labeur par les machines ouvriront la possibilité d'un temps de conscience étendu pour des millions de cerveaux. Plutôt que de jouer, manger, consommer du statut et du sexe en ligne, il s'agira pour chacun de développer le champ de ses ressources mentales et donc de ses expériences qualitatives. À la clé, une limitation de la consommation de biens matériels, sans qu'il en résulte automatiquement un sentiment de déchéance ou de frustration. Peut-être même le contraire…

Quand le cerveau se nourrit de connaissances

Développer notre niveau de conscience sera-t-il suffisant pour reprendre le contrôle de notre situation ? Comme toujours, au moment d'envisager une économie de la croissance mentale, il faut se demander si celle-ci est envisageable du point de vue de notre économie cérébrale. Envisager l'humanité comme une assemblée de cerveaux ayant atteint un niveau de conscience élevé, capables de modération, de patience et d'une forme de sagesse, est probablement prématuré. En attendant que ce jour arrive, nous devrons développer d'autres stratégies. Il y a quelques années, les neuroscientifiques se sont aperçus que la connaissance en elle-même pouvait constituer une forme de nourriture pour le striatum. Ils ont fait cette découverte en proposant, dans certaines expériences, non plus de la nourriture ou de l'argent à des volontaires qui passaient des tests en laboratoire, mais des « récompenses cognitives ». En l'occurrence, il s'agissait tout simplement de petites lumières vertes accompagnées du commentaire : « Vous avez réussi. » À chaque réponse fournie par le participant, le voyant était rouge en cas d'erreur, et vert en cas de succès[22,23]. En plaçant les sujets dans une IRM, les expérimentateurs ont alors observé que ces récompenses cognitives activaient précisément les neurones dopaminergiques du striatum, révélant l'existence d'une prime à l'agilité mentale et à la capacité de résolution de problèmes, prime qui stimulait en partie les mêmes aires cérébrales que les grands renforceurs primaires que sont la nourriture, le sexe, le statut social ou la paresse.

D'une certainc façon, il serait donc possible d'assouvir les appétits de notre striatum par des connaissances, de l'exercice mental, des énigmes et, de façon générale, en stimulant la curiosité. Plus récemment encore, en 2014, des scientifiques de l'université de Californie ont découvert que de simples questions faisant appel à la curiosité et à l'étonnement, comme de petites devinettes que l'on pose à des élèves d'une classe au début d'un cours, activent leurs neurones dopaminergiques du noyau accumbens, suscitant du plaisir et une attente d'information [24]. À tel point que ce « préchauffage » de nos neurones striataux se traduit par une activation des zones de la mémoire et une meilleure mémorisation des informations communiquées par le professeur dans les minutes suivantes (dans ces expériences, il s'agissait simplement de mémoriser le visage d'une personne inconnue). En classe, les enseignants pourraient ainsi stimuler la curiosité de leurs élèves au début des cours, en leur proposant de petits quiz, ce qui préparerait leur striatum à mieux mémoriser les informations suivantes, par exemple un concept mathématique ou une liste de villes en géographie.

Notre striatum est avide de connaissances et il s'agit là probablement d'un gisement prometteur pour l'économie du futur, ainsi que d'un substitut intéressant à la croissance matérielle qui est actuellement le seul objectif des appareils industriels de nouvelle génération, dont le numérique.

Alors, l'économie du futur, qui sera en grande partie une économie numérique, basculera-t-elle définitivement vers l'amplification des pulsions, ou obliquera-t-elle vers le développement du savoir ?

En tant que produit de haute technologie, le numérique est porteur de forts intérêts financiers et semble actuellement s'engager vers la voie d'un marketing de capture du client, en proposant des produits très addictifs comme la consommation de temps de communication, les réseaux sociaux ou les jeux. Mais en tant qu'industrie de la communication, cette technologie devient un important vecteur de transmission et d'échange des connaissances. Avec, certes, des conséquences discutables pour l'emploi (un professeur d'université qui accepte de préparer un cours en ligne sous forme de Mooc a souvent conscience de mettre au chômage des milliers d'enseignants dans de petites classes de zones mal desservies par les transports), mais avec la potentialité de faire de la connaissance un langage commun à l'humanité, capable de donner un sens au temps libre qui se dégagera de plus en plus pour des millions de nos concitoyens. La bifurcation qui s'offre à nous aura de grandes chances d'être la suivante : dans un monde sans travail, serons-nous occupés à gaver notre striatum de nourriture bon marché, de sexe en ligne, d'information continue et d'estime de soi virtuelle, ou consacrerons-nous de plus en plus de temps à développer notre degré de conscience de nous-même et des autres, et à enrichir notre existence par l'échange de connaissances de plus en plus vastes ?

Il est probable, en réalité, qu'aucune de ces deux options ne soit envisageable seule. Nous avons besoin de faire fonctionner nos renforceurs primaires, et vouloir les réduire au silence est probablement aussi vain que dangereux. Mais le plus grand danger serait, en sachant que nous avons par nature tendance à suivre ces renforceurs primaires, de leur adjoindre un système économique et une idéologie politique qui augmentent encore leur puissance, au lieu de la limiter. Continuer à promouvoir un système économique qui encourage nos grands renforceurs primaires est sans doute la pire des choses à faire, et c'est malheureusement ce que nous faisons depuis maintenant près d'un siècle, ce qui est en train de nous coûter notre planète.

Connaître et se libérer

Quelles chances a la connaissance de s'imposer comme une valeur centrale de nos sociétés ? Il faut être réaliste. La connaissance ne constitue pas un stimulus aussi captivant ni aussi addictif que la nourriture, le sexe ou le prestige social. Pour en faire un renforceur capable de lutter à armes égales contre ces forces, il faut lui adjoindre un allié. Cet allié, nous l'avons vu, est la norme sociale. C'est à la société entière de mettre à l'honneur la connaissance et ses figures de proue, de manière à la rendre attractive et valorisante pour nos cerveaux. Responsables politiques, médias, éditeurs, acteurs économiques, tous peuvent apporter leur contribution. Le jour où les plus grandes audiences télévisées ne seront plus réalisées par des matchs de football, et où l'industrie du jeu vidéo proposera davantage de contenus éducatifs que de produits sollicitant nos renforceurs primaires, nous serons en présence d'un indicateur sérieux d'une possible bascule vers la croissance mentale.

Aujourd'hui, aucun développeur de jeux ni aucun directeur d'antenne ne prendrait ce risque, sachant que des millions de striatums devant leur écran attendent justement d'être stimulés par des renforceurs primaires. L'exemple ne semble pas devoir venir du monde politique, dont les acteurs emboîtent le pas au secteur du numérique, presque incapables d'entrevoir une autre forme de développement que la voie tracée par les barons du domaine, les fameux GAFA qui gouvernent de plus en plus nos existences. Nos gouvernants peinent à incarner les valeurs de patience, de conscience et de modération. Régulièrement, un ministre engloutit des fonds publics pour transporter à l'autre bout de la planète d'importantes délégations dans des vols en classe affaires au lieu de privilégier des solutions plus écologiques et plus économiques ; périodiquement, des responsables de grandes institutions font la une des journaux en dépensant des années de SMIC en frais de taxi ; jour après jour, nous entendons parler du progrès fantastique apporté par une nouvelle ligne de train à grande vitesse qui fait gagner une demi-heure en portant la vitesse de croisière de deux cent cinquante à trois cents kilomètres-heure, alors que les grandes métropoles, desservies par des trains vieillissants, condamnent des millions d'employés à s'entasser dans leurs voitures et à saturer l'air de rejets toxiques. Semaine après semaine, nous apprenons qu'un homme influent est accusé de viol ou de harcèlement sexuel par ses victimes. Nous avons beaucoup de progrès à faire. Nous ne sommes pas prêts à vivre avec moins de renforceurs primaires et plus de conscience. Quand le serons-nous ? La génération future, que l'on dit plus consciente des enjeux écologiques, est aussi la plus impatiente et la plus dépendante des nouvelles technologies. Le cauchemar semble continuer. Et à peine trente chefs d'État ont fait le déplacement à la 24e Conférence mondiale sur le climat, qui s'est tenue du 2 au 14 décembre 2018 à Katowice, en Pologne, sur cent quatre-vingt-seize signataires des accords de Paris en 2015. Parmi eux, aucun dirigeant du G20.

Suite au prochain numéro ?

Notes et références bibliographiques

PREMIÈRE PARTIE

DANS LA BOÎTE NOIRE
DU CERVEAU

Perdre ce que l'on aime

1. A. Djoghlaf, "Message on the occasion of the International Day for Biological Diversity", *United Nations Environment Programme*, 22 mai 2007.

Ce cerveau auquel nous devons tout

1. "World Population 2017", United Nations, Department of Economic and Social Affairs, Population Division. https://esa.un.org/unpd/wpp/Publications/Files/WPP2017_Wallchart.pdf

Le concept de dépassement

1. "Earth Overshoot day 2017 fell on August 2", *Earth Overshoot Day*. https://www.overshootday.org

2. S. Murai, "Global environment and population carrying capacity", *Population, Land Management and Environmental Change*, UNU Global Environmental Forum IV, J. I. Uitto et Akiko Ono, Tokyo, United Nations University, pp. 77-83, 1996.

3. N. Cappuccino et P. W. Price, *Population Dynamics : New Approaches and Synthesis*, Academic Press, San Diego, 1995.

4. T. Jacobsen et R. M. Adams, "Salt and Silt in ancient Mesopotamian agriculture", *Science*, vol. 128, pp. 1251-1258, 1958.

5. J. Diamond, *Collapse : How Societies Choose to Fail or Survive*, Penguin Books, 2005 et 2011.

6. D. O'Neill, A. L. Fanning, W. F. Lamb, J. K. Steinberger, "A good life for all within planetary boundaries", *Nature Sustainability*, vol. 1, pp. 88-95, 2018.

7. J. Lorck, « Hausse des émissions de CO_2 en 2017 », *Global-Climat*, 14 novembre 2017.

8. L. Chauveau, « La lutte contre le réchauffement climatique prend du retard ! », *Sciences et Avenir*, 3 juin 2018. https://www.sciencesetavenir.fr/nature-environnement/climat/les-emissions-mondiales-de-gaz-a-effet-de-serre-repartent-a-la-hausse_124453

9. J. Hansen, M. Sato, P. Hearty, R. Ruedy, M. Kelley, V. Masson-Delmotte, G. Russell, G. Tselioudis, J. Cao, E. Rignot, I. Velicogna, B. Tormey, B. Donovan, E. Kandiano, K. von Schuckmann, P. Kharecha, A. N. Legrande, M. Bauer, and K.-W. Lo, "Ice melt, sea level rise and superstorms : evidence from paleoclimate data, climate modelling, and modern observations that 2 °C warming could be dangerous", *Atmospheric Chemistry and Physics*, vol. 16, pp. 3761-3812, 2016.

10. « Des records de température enregistrés sur toute la planète », *Sciences et Avenir*, 29 juillet 2018.

11. B. Kahn, "Sea Level could rise at least 6 meters", *Scientific American*, 9 juillet 2015.

12. A. Missirian et W. Schlenker, "Asylum applications respond to temperature fluctuations", *Science*, vol. 358, pp. 1610-1614, 2017.

13. M. Mizutori & Debarati Guha-Sapir, *Economic losses, poverty & disasters 1998-2017*, Centre for Research on the Epidemiology of Disasters, United Nations Office for Disaster Risk Reduction, 2018.

Les cinq motivations secrètes de notre cerveau

1. A. Loonen et S. A. Ivanova, "Circuits regulating pleasure and happiness : the evolution of reward-seeking and misery-fleeing behavioural mechanisms in vertebrates", *Frontiers in Neuroscience*, vol. 9, pp. 1-12, 2015.

2. R. I. Wood, G. R. Li, “Cooperation in rats playing the iterated Prisoner’s Dilemma game”, *Animal Behavior*, vol. 114, pp. 27-35, 2016.

3. N. Sato, L. Tan, K. Tate, M. Okada, “Rats demonstrate helping behavior toward a soaked conspecific”, *Animal Cognition*, vol. 18, pp. 1039-1047, 2015.

4. M. Schweinfurth, M. Taborsky, “Reciprocal Trading of Different Commodities in Norway Rats”, *Current Biology*, vol. 28, pp. 1-6, 2018.

5. R. Dunbar, “Neocortex size as a constraint on group size in primates”, *Journal of Human Evolution*, vol. 20, pp. 469-493, 1992.

6. R. Dunbar, “The social brain hypothesis”, *Evolutionary Anthropology*, vol. 6, pp. 178-190, 1998.

7. R. Dunbar, “The social brain hypothesis and its implications for social evolution”, *Annals of Human Biology*, vol. 36, pp. 562-572, 2009.

8. R. Buettner, “Getting a job via career-oriented social networking markets. The weakness of too many ties”, *Electronic Markets*, vol. 27, pp. 371-385, 2017.

9. D. Stout, « Le cerveau à l’âge de pierre », *Cerveau & Psycho*, vol. 77, pp. 14-21, 2016.

10. R. S. Seymour, V. Bosiocic, E. P. Snelling, “Fossil skulls reveal that blood flow rate to the brain increased faster than brain volume during human evolution”, *Royal Society of Open Science*, vol. 3, p. 160305, 2016.

La grande bouffe

1. M. S. Szczypka, M. A. Rainey, D. S. Kim, W. A. Alaynick, B. T. Marck, A. M. Matsumoto, R. D. Palmiter, “Feeding behavior in dopamine-deficient mice”, *Proceedings of the National Academy of Sciences of the USA*, vol. 96, pp. 12138-12143, 1999.

2. R. D. Palmiter, “Dopamine signaling in the dorsal striatum is essential for motivated behaviors : lessons from dopamine-deficient mice”, *Ann. N. Y. Acad. Sci.*, vol. 1129, pp. 35-46, 2008.

3. D. Laplane, « La perte d’auto-activation psychique », in *La Conscience et ses troubles*, B. Lechevalier, F. Eustache et F. Viader, De Boeck Universités, 1998.

4. P. Verstichel et P. Larrouy, « La maladie de l’indifférence », *Cerveau & Psycho*, vol. 3, pp. 2003.

5. M. Habib, *La Constellation des dys*, De Boeck, 2014.

6. *Livestock and Poultry : World Markets and Trade*, United States Department of Agriculture, Foreign Agricultural Service, 12 octobre 2017.

7. "Bald chicken needs no plucking", BBC News, 2002. http://news.bbc.co.uk/2/hi/science/nature/2000003.stm

8. R. Kambadur, M. Sharma, T. P. L. Smith, J. J. Bass, "Mutations in myostatin (GDF8) in double-muscled Belgian blue and Piedmontese cattle", *Genome Research*, vol. 7, pp. 910-916, 1997.

9. D. Cyranoski, "Super-muscly pigs created by small genetic tweak", *Nature*, vol. 523, pp. 13-14, 2015.

10. *Global Food : Waste not, Want not*, rapport de l'Institution of Mechanical Engineers, janvier 2013.

11. G. Koneswaran, D. Nierenberg, "Global farm animal production and global warming : impacting and mitigating climate change", *Environmental Health Perspectives*, vol. 116, pp. 578-582, 2008.

12. I. Sample, "Meat production 'beefs up emissions'", *The Guardian*, 19 juillet 2007.

13. « Obésité et surpoids », Organisation mondiale de la santé, 2018. http://www.who.int/mediacentre/factsheets/fs311

14. A. Hruby, F. B. Hu, "The Epidemiology of Obesity : A Big Picture", *PharmacoEconomics*, vol. 33, pp. 673-689, 2015.

15. E. Di Angelantonio, S. N. Bhupathiraju, D. Wormser, P. Gao, S. Kaptoge, A. Berrington de Gonzalez, B. J. Cairns, R. Huxley, C. L. Jackson, G. Joshy, S. Lewington, J. E. Manson, N. Murphy, A. V. Patel, J. M. Samet, M. Woodward, W. Zheng, M. Zhou, N. Bansal, A. Barricarte, B. Carter, J. R. Cretan, R. Collins, G. D. Smith, X. Fang, O. H. Franco, J. Green, J. Halsey, J. S. Hildebrand, K. J. Jung, R. J. Korda, D. F. McLerran, S. C. Moore, L. M. O'Keeffe, E. Paige, A. Ramond, G. K. Reeves, B. Rolland, C. Sacerdote, N. Sattar, E. Sofianopoulou, J. Stevens, M. Thun, H. Ueshima, L. Yang, Y. D. Yun, P. Willeit, E. Banks, V. Beral, Z. Chen, S. M. Gapstur, M. J. Gunter, P. Hartge, S. H. Jee, T.-H. Lam, R. Peto, J. D. Potter, W. C. Willett, S. G. Thompson, J. Danesh, F. B. Hu, "Body-mass index and all-cause mortality : individual-participant-data meta-analysis of 239 prospective studies in four continents", *The Lancet*, vol. 388, pp. 776-786, 2016.

16. K. M. Flegal, M. D. Carroll, C. L. Ogden, L. R. Curtin,

"Prevalence and Trends in Obesity Among US Adults, 1999-2008", *JAMA*, vol. 303, pp. 235-241, 2010.

17. J. Cawley, C. Meyerhoefer, "The medical care costs of obesity : an instrumental variables approach", *Journal of Health Economics*, vol. 31, pp. 219-230, 2012.

18. E. A. Finkelstein, J. G. Trogdon, J. W. Cohen, W. Dietz, "Annual medical spending attributable to obesity : payer-and service-specific estimates", *Health Affairs*, vol. 28, pp. 822-831, 2009.

19. F. Grodstein, R. Levine, L. Troy, T. Spencer, C. A. Colditz, M. J. Stampfer, "Three-year follow-up of participants in a commercial weight loss program. Can you keep it off ?" *Archives of Internal Medicine*, vol. 156, pp. 1302-1306, 1996.

20. A. Hruby, F. B. Hu, "The Epidemiology of Obesity : A Big Picture", *PharmacoEconomics*, vol. 33, pp. 673-689, 2015.

21. E. V. Kuklina, X. Tong, M. G. George, P. Bansil, "Epidemiology and prevention of stroke : a worldwide perspective", *Expert Review of Neurotherapeutics*, vol. 12, pp. 199-208, 2012.

Le vrai maître du monde : le circuit de la récompense

1. J. Olds et P. Milner, "Positive reinforcement produced by electrical stimulation of septal area and other regions of rat brain", *Journal of Comparative and Physiological Psychology*, vol. 47, pp. 419-27, 1954.

2. R. G. Heath, "Pleasure response of human subjects to direct stimulation of the brain : physiologic and psychodynamic considerations", in R.G. Heath (ed.), *The role of pleasure in human behaviour*, pp. 219-243, New York : Hoeber, 1964.

Programmés pour le sexe

1. J. Redouté, S. Stoléru, M. C. Grégoire, N. Costes, L. Cinotti, F. Lavenne, D. Le Bars, M. G. Forest, J. F. Pujol, "Brain processing of visual sexual stimuli in human males", *Human Brain Mapping*, vol. 11, pp. 162-177, 2000.

2. Rodriguez-Manzo, F. Pellicer, "Electrical stimulation of dorsal and ventral striatum differentially alters the copulatory behavior of male rats", *Behavioral Neuroscience*, vol. 124, pp. 686-694, 2010.

3. G. Damsma, J. G. Pfaus, D. Wenkstern, A. G. Philips, H. C. Fibiger, “Sexual behavior increases dopamine transmission in the nucleus accumbens and striatum of male rats : comparison with novelty and locomotion”, *Behavioral Neuroscience*, vol. 106, pp. 181-191, 1992.

4. J. G. Pfaus, G. Damsma, D. Wenkstern, H. C. Fibiger, “Sexual activity increases dopamine transmission in the nucleus accumbens and striatum of female rats”, *Brain Research*, vol. 693, pp. 21-30, 1995.

5. K. C. Bradley, M. B. Boulware, H. Jiang, R. W. Doerge, R. L. Meisel, P.G. Memelstein, “Changes in gene expression within the nucleus accumbens and striatum following sexual experience”, *Genes, Brain and Behaviour*, vol. 4, pp. 31-44, 2005.

6. K. E. Demos, T. F. Heatherton et W. M. Kelley, “Individual Differences in Nucleus Accumbens Activity to Food and Sexual Images Predict Weight Gain and Sexual Behavior”, *Journal of Neuroscience*, vol. 32, pp. 5549-5552, 2012.

7. O. Ogas, S. Gaddam, *A Billion Wicked Thoughts : What the Internet Tells Us About Sex and Relationships*, Plume, NY, 2012.

8. “Things are Looking up in America’s porn industry”, NBC News, 20 janvier 2015.

9. “Smartphone porn use set to rise dramatically by 2020”, *The Telegraph*, 13 février 2018.

10. G. Sabato, « Prêt(e)s pour le sexe virtuel ? », *Cerveau & Psycho*, n° 97, 2018.

11. Armed Forces Health Surveillance Center (AFHSC), “Erectile dysfunction among male active component service members, US Armed Forces, 2004-2013”, *MSMR*, vol. 21, pp. 13-16, 2014.

12. M. Brand, J. Snagowski, C. Laier, S. Maderwald, “Ventral striatum activity when watching preferred pornographic pictures is correlated with symptoms of Internet pornography addiction”, Neuroimage, vol. 129, pp. 224-232, 2016.

13. A. S. G. Andrae, T. Edler, “On global electricity usage of communication technology : trends to 2030”, *Challenges*, vol. 6, pp. 117-157, 2015.

14. D. Buss, D. Schmitt, “Sexual strategies theory : An evolutionary perspective on human mating”, *Psychological Review*, vol. 100, pp. 204-232, 1993.

15. A. Bartels, S. Zeki, "The neural correlates of maternal and romantic love", *Neuroimage*, vol. 21, pp. 1155-1166, 2004.

16. B. J. Mattson, S. E. Williams, J. S. Rosenblatt, J. I. Morrell, "Preferences for cocaine- or pup-associated chambers differentiates otherwise behaviorally identical postpartum rats", *Psychopharmacology*, vol. 167, pp. 1-8, 2003.

17. J. G. Myrick, "Emotion regulation, procrastination, and watching cat videos online : Who watches Internet cats, why, and to what effect ?", *Computers in Human Behavior*, vol. 52, pp. 168-176, 2015.

Atteindre le haut de la pyramide

1. C. R. von Rueden, A. V. Jaeggi, "Men's status and reproductive success in 33 nonindustrial societies : Effects of subsistence, marriage system, and reproductive strategy", *Proceedings of the National Academy of Sciences of the USA*, vol. 113, pp. 10824-10829, 2016.

2. E. E. Wroblewski, C. M. Murray, B. F. Keele, J. C. Schumacher-Stankey, B. H. Hahn, A. E. Pusey, "Male dominance rank and reproductive success in chimpanzees *Pan troglodytes schweinfurthii*", *Animal Behaviour*, vol. 77, pp. 873-885, 2009.

3. G. Colishaw, R. Dunbar, "Dominance rank and mating success in male primates", *Animal Behaviour*, vol. 41, pp. 1045-1056, 1991.

4. V. Horner, D. Proctor, K. E. Bonnie, A. Whiten, F. B. M. de Waal, "Prestige affects cultural learning in chimpanzees", *PLOS ONE*, vol. 19, e10625, 2010.

5. N. Snyder-Mackler, J. Sanz, J. N. Kohn, J. F. Brinkworth, S. Morrow, A. O. Shaver, J.-C. Grenier, R. Pique-Regi, Z. P. Johnson, M. E. Wilson, L. B. Barreiro, J. Tung, "Social status alters immune regulation and response to infection in macaques", *Science*, vol. 354, pp. 1041-1045, 2016.

6. C. Boesch et H. Boesch, "Hunting behavior of wild chimpanzees in the Tai National Park", *American Journal of Physical Anthropology*, vol. 78, pp. 547-573, 1989.

7. M. J. Sheehan et M. W. Nachman, "Morphological and population genomic evidence that human faces have evolved to signal individual identity", *Nature Communications*, vol. 5, doi :10.1038/ncomms5800, 2014.

8. I. Gauthier, M. J. Tarr, A. W. Anderson, P. Skudlarski, J. C. Gore, “Activation of the middle fusiform ‘face area’ increases with expertise in recognizing novel objects”, *Nature Neuroscience*, vol. 2, pp. 568-573, 1999.

9. K. Grill-Spector, N. Knouf, N. Kanwisher, “The fusiform face area subserves face perception, not generic within-category identification”, *Nature Neuroscience*, vol. 7, pp. 555-562, 2004.

10. R. D. Palmiter, “Dopamine signaling in the dorsal striatum is essential for motivated behaviors : lessons from dopamine-deficient mice”, *Annals of the New York Academy of Science*, vol. 1129, pp. 35-46, 2008.

11. R. O. Deaner, A. V. Khera, M. L. Platt, “Monkeys pay per view : Adaptive valuation of social images by rhesus macaques”, *Current Biology*, vol. 15, pp. 543-548, 29 mars 2005.

12. R. Ligneul, I. Obeso, C. C. Ruff, J.-C. Dreher, “Dynamical representation of dominance relationships in the human rostromedial prefrontal cortex”, *Current Biology*, vol. 26, pp. 1-9, 2016.

13. J. Kätsyri, R. Hari, N. Ravaja, L. Nummenmaa, “The opponent matters : elevated FMRI reward responses to winning against a human versus a computer opponent during interactive video game playing”, *Cerebral Cortex*, vol. 23, pp. 2829-2839, 2013.

14. P. Picq, *Premier Homme*, Flammarion, 2016.

15. C. R. von Rueden, A. V. Jaeggi, “Men’s status and reproductive success in 33 nonindustrial societies : Effects of subsistence, marriage system, and reproductive strategy”, *Proceedings of the National Academy of Sciences of the USA*, vol. 113, pp. 10824-10829, 2016.

16. E. Oberzaucher et K. Grammer, “The Case of Moulay Ismael – Fact or Fancy ?”, *PLOS ONE*, vol. 9, e85292, 2014.

17. T. Zerjal, Y. Xue, G. Bertorelle, R. Spencer Wells, W. Bao, S. Zhu, R. Qamar, Q. Ayub, A. Mohyuddin, S. Fu, P. Li, N. Yuldasheva, R. Ruzibakiev, J. Xu, Q. Shu, R. Du, H. Yang, M. E. Hurles, E. Robinson, T. Gerelsaikhan, B. Dashnyam, S. Q. Mehdi, C. Tyler-Smith, “The Genetic Legacy of the Mongols”, *American Journal of Human Genetics*, vol. 72, pp. 717-721, 2003.

18. P. Balaresque, N. Poulet, S. Cussat-Blanc, P. Gerard, L. Quintana-Murci, E. Heyer, M. A. Jobling, “Y-chromosome descent clusters and male differential reproductive success : young

lineage expansions dominate Asian pastoral nomadic populations", *European Journal of Human Genetics*, vol. 23, pp. 1413-1422, 2015.

19. R. D. Fernald et K. P. Maruska, "Social information changes the brain", *Proceedings of the National Academy of Sciences of the USA*, vol. 109, pp. 17194-17199.

20. M. A. Kleshchev, L. V. Osadchuk, "Social domination and reproductive success in male laboratory mice (Mus musculus)", *Zh. Evol. Biokhim. Fiziol.*, vol. 50, pp. 201-6, 2014.

21. R. Hopcroft, "Sex, status, and reproductive success in the contemporary United States", *Evolution and Human Behavior*, vol. 27, pp. 104-120, 2006.

22. D. Nettle, T. V. Pollet, "Natural selection on male wealth in humans", *The American Naturalist*, vol. 172, pp. 658-666, 2008.

23. D. Buss, D. Schmitt, "Sexual strategies theory : An evolutionary perspective on human mating", *Psychological Review*, vol. 100, pp. 204-232, 1993.

24. M. Marriage, "Men only : Inside the charity fundraiser where hostesses are put on show", *Financial Times*, 23 janvier 2018. https://www.ft.com/content/075d679e-0033-11e8-9650-9c0ad2d7c5b5

25. F. Cheung, R. E. Lucas, "Income inequality is associated with stronger social comparison effects : The effect of relative income on life satisfaction", *Journal of Personality and Social Psychology*, vol. 110, pp. 332-341, 2016.

26. N. Kondo, G. Sembaiwe, I. Karachi, R. M. van Dam, S. V. Subramanian, Z. Yamagata, "Income inequality, mortality, and self-rated health : meta-analysis of multilevel studies", *British Medical Journal*, vol. 339 :b4471, 2009. doi : 10.1136/bmj.b4471.

27. K. Fliessbach, B. Weber, P. Trautner, A. Falk, "Social comparison affects reward-related brain activity in the human central striatum", *Science*, vol. 318, pp. 1305-1308, 2007.

28. N. Bault, M. Joffily, A. Rustichini, G. Coricelli, "Medial prefrontal cortex and striatum mediate the influence of social comparison on the decision process", *Proceedings of the National Academy of Sciences of the USA*, vol. 108, pp. 16044-16049, 2011.

29. R. Baez-Mendoza, A nC. R. van Coeverden, W. Schultz, "Neuronal reward inequity signal in primate striatum", *Journal of Neurophysiology*, vol. 115, pp. 68-79, 2016.

30. D. Martinez, D.Orlowska, R. Narendran, M. Slifstein, F. Liu, D. Kumar, A. Broft, R. Van Heertum, H. D. Kleber, "D2/3

receptor availability in the striatum and social status in human volunteers", *Biological Psychiatry*, vol. 67, pp. 275-278, 2010.

31. D. Morgan, K. A. Grant, H. D. Gage, R. H. Mach, J. R. Kaplan, O. Prioleau, "Social dominance in monkeys : dopamine D2 receptors and cocaine self-administration", *Nature Neuroscience*, vol. 5, pp. 169-174, 2002.

32. S. Erk, M. Spitzer, A. P. Wunderlich, L. Galley, H. Walter, "Cultural objects modulate reward circuitry", *Neuroreport*, vol. 13, pp. 2499-2503, 2002.

33. R. Danovaro, L. Bongiorni, C. Corinaldesi, D. Giovanelli, E. Damiani, P. Astolfi, L. Greci, A. Pusceddu, "Sunscreens Cause Coral Bleaching by Promoting Viral Infections", *Environmental Health Perspectives*, vol. 116, pp. 441-447, 2008.

34. D. Sanchez-Quiles, A. Tovar-Sanchez, "Sunscreens as a source of hydrogen peroxide production in coastal waters", *Environmental Science and Technology*, vol. 48, pp. 9037-9042, 2014.

35. J. Rifkin, *La Fin du travail*, La Découverte, 2006.

36. Europe 1, matinale du 10 janvier 2018. http://www.europe1.fr/emissions/europe-1-matin5/europe-matin-100118-3542177

37. B. Dermandt, "China car sales analysis 2016", *Carsalesbase.com*, janvier 2017. http://carsalesbase.com/china-car-sales-analysis-2016/

38. T. Branigan, "China and cars : A love story", *The Guardian*, 14 décembre 2012.

39. C. A. Chan, A. F. Gygax, E. Wong, Christopher A. Leckie, A. Nirmalathas, D. C. Kilper, "Methodologies for assessing the use-phase power consumption and greenhouse gas emissions of telecommunications network services", *Environmental Science & Technology*, vol. 47, p. 485, 2013.

40. CustomMade, "The carbon footprint of the Internet", 2015. https://www.custommade.com/blog/carbon-footprint-of-internet/

41. M. Y. Acikalin, K. K. Watson, G. J. Fitzsimmons, M. L. Platt, "Rhesus macaques form preferences for brand logos through sex and social status based advertising", *PLOS ONE*, 20 février 2018. https://doi.org/10.1371/journal.pone.0193055

La bénédiction du chômage

1. T. M. Desrochers, K. Amermori, A. M. Graybiel, "Habit learning by naive macaques is marked by response sharpening of

striatal neurons representing the cost and outcome of acquired action sequences", *Neuron*, vol. 87, pp. 853-868, 2015.

2. P. L. Croxson, M. E. Walton, J. X. O'Reilly, T. E. J. Behrens, M. F. S. Rushworth, "Effort-based cost-benefit valuation and the human brain", *Journal of Neuroscience*, vol. 29, pp. 4531-4541, 2009.

3. D. Rotman, "How Technology is destroying jobs", *MIT Technology Review*, juillet/août 2013.

4. J. Manyika, S. Lund, M. Chui, J. Bughin, J. Woetzel, P. Batra, R. Ko, S. Sanghvi, *Jobs lost, jobs gained, workforce transitions in a time of automation*, rapport du McKinsey Global Institute, décembre 2017.

5. C. Carez, « À Paris, un robot vous accueille à la mairie du XVe arrondissement, *Le Parisien*, 8 septembre 2017. http://www.leparisien.fr/paris-75015/a-paris-un-robot-vous-accueille-a-la-mairie-du-xve-arrondissement-08-09-2017-7246278.php

6. Y. Eudes, « Des juges "virtuels" pour désengorger les tribunaux », *Le Monde*, 1er janvier 2018.

7. International Federation of Robotics, "31 million robots helping in households worldwide by 2019", *IFR press releases*, 2016. https://ifr.org/ifr-press-releases/news/31-million-robots-helping-in-households-worldwide-by-2019

8. K. Grace, J. Salvatier, A. Dafoe, B. Zhang, O. Evans, "When will AI exceed human performance ? Evidence from AI experts", Future of Humanity Institute, Oxford, 13 juin 2017.

9. N. Turcev, « Un livre entièrement traduit par une intelligence artificielle », *Livres Hebdo*, 3 octobre 2018.

10. S. Julian, « Un robot barman derrière le zinc », *L'Expansion*, 6 janvier 2018. https://lexpansion.lexpress.fr/high-tech/un-robot-barman-derriere-le-zinc_1973296.html

11. S. K. Keadle, H. Arem, S. C. Moore, J. N. Sampans, C. E. Matthews, "Impact of changes in television viewing time and physical activity on longevity : a prospective cohort study", *International Journal for Behavioral Nutrition and Physical Activity*, vol. 12, p. 156, 2015.

12. Médiamétrie, « L'année TV 2017. TV, Internet, vidéo : la nouvelle alchimie », 24 janvier 2018.

13. S. Bohler, *150 petites expériences de psychologie des médias*, Dunod, 2007.

14. V. Zeigler-Hill, M. T. Wallace, “Self-esteem instability and psychological adjustment”, *Self and Identity*, vol. 11, pp. 317-342, 2012.

15. A. W. Paradise, M. H. Kernis, “Self-esteem and psychological well-being : Implications of fragile self-esteem”, *Journal of Social and Clinical Psychology*, vol. 21, pp. 345-361, 2002.

T. D. Wilson, D. A. Reinhard, E. C. Westgate, D. T. Gilbert, N. Ellerbeck, C. Hahn, C. L. Brown, A. Shaked, “Just think : The challenges of the disengaged mind”, *Science*, vol. 345, pp. 75-77, 2014.

16. E. Vogel, J. P. Rose, L. Roberts, K. Eccles, “Social comparison, social media, and self-esteem”, *Psychology of Popular Media Culture*, vol. 3, pp. 206-222, 2014.

17. I. Pantic, “Online social networking and mental health”, *Cyberpsychology, Behavior, and Social Networking*, vol. 10, pp. 1-6, 2014.

18. W. Chen, K. Lee, “Sharing, liking, commenting, and distressed ? The pathway between Facebook interaction and psychological distress”, *Cyberpsychology, Behavior, and Social Networking*, vol. 16, pp. 728-734, 2013.

19. R. Dunbar, “Neocortex size as a constraint on group size in primates”, *Journal of Human Evolution*, vol. 20, pp. 469-493, 1992.

20. R. Dunbar, “The social brain hypothesis”, *Evolutionary Anthropology*, vol. 6, pp. 178-190, 1998.

21. M. Ernst, R. D. Romeo, S. L. Andersen, “Neurobiology of the development of motivated behaviors in adolescence : a window into a neural systems model”, *Pharmacology, Biochemistry and Behavior*, vol. 93, pp. 199-211, 2009.

22. C. Strenger, *La peur de l’insignifiance nous rend fous*, Belfond, 2015.

23. J. Brailovskala, J. Margraf, “Facebook Addiction Disorder (FAD) among German students. A longitudinal approach”, *PLOS ONE*, 14 décembre 2017.

24. N. Kardaras, « Génération Z, en danger face aux réseaux sociaux », *Cerveau & Psycho*, n° 87, pp. 82-87, avril 2017.

25. J. C. Nayebi, « Conséquences psychiques des nouvelles technologies », *Cerveau & Psycho*, n° 61, 2014.

26. P. Lemoine, « Réapprendre à dormir », *Cerveau & Psycho*, n° 80, pp. 50-57, 2016.

27. K. K. Murdock, "Texting while stressed : Implications for students' burnout, sleep, and well-being", *Psychology of Popular Media Culture*, vol. *2*, pp. 207-221, 2013.

28. S. Frank, L. Dahler, L. E. Sanitary, K. Knight, "Hyper-texting and hyper-networking : a new health risk category for teens ?", American Public Health Association's 138th Annual Meeting and Exposition, Denver, 6-10 novembre 2010.

29. J. M. Twenge, "Time period and birth cohort differences in depressive symptoms in the US, 1982-2013", *Social Indicators Research*, vol. 121, pp. 437-454, 2015.

30. J. Vincent, "Former Facebook exec says social media is ripping apart society", *The Verge*, 11 décembre 2017. https://www.theverge.com/2017/12/11/16761016/former-facebook-exec-ripping-apart-society

31. M. Allen, "Sean Parker unloads on Facebook : 'God only knows what it's doing to our children's brains'", *Axios*, 9 novembre 2017. https://www.axios.com/sean-parker-unloads-on-facebook-god-only-knows-what-its-doing-to-our-childrens-brains-1513306792-f855e7b4-4e99-4d60-8d51-2775559c2671.html

32. A.-L. Goldings, K. L. Mills, L. S. Clasen, J. N. Giedd, R. M. Viner, S.-J. Blakemore, "The influence of puberty on subcortical brain development", *Neuroimage*, vol. 88, pp. 242-251, 2014.

33. A. Galvan, "Adolescent development of the reward system", *Frontiers in Human Neuroscience*, vol. 4, art. 6, pp. 1-10, 2010.

34. M. Ernst, R. D. Romeo, S. L. Andersen, "Neurobiology of the development of motivated behaviors in adolescence : a window into a neural systems model", *Pharmacol. Biochem. Behav.*, vol. 93, pp. 199-211, 2009.

Informé, surinformé

1. B. A. Anderson, H. Kuwabara, D. F. Wong, E. G. Gean, A. Rahmim, J. R. Brasic, N. George, B. Frolov, S. M. Courtney, S. Yantis, "The role of dopamine in value-based attentional orienting", *Current Biology*, vol. 26, pp. 550-555, 2016.

2. E. S. Bromberg-Martin, O. Hikosaka, "Midbrain dopamine neurons signal preference for advance information about upcoming rewards", *Neuron*, vol. 63, pp. 119-126, 2009.

3. D. Courbet, M. P. Fourquet-Courbet, R. Kazan, J. Intartaglia, “The long-term effects of e-advertising : The influence of Internet pop-ups viewed at a low level of attention in implicit memory”, *Journal of Computer-Mediated Communication*, vol. 19, pp. 274-293, 2014.

4. J. B. Spira, J. B. Feintuch, “The cost of not paying attention : How interruptions impact knowledge worker productivity”, *Basex*, 2005.

5. B. P. Bailey, J. A. Kinston, “On the need for attention-aware systems : Measuring effects of interruption on task performance, error rate, and affective state”, *Computers in Human Behavior*, vol. 22, pp. 685-708, 2006.

6. C. Sauvajol-Rialland, « Surcharge informationnelle en entreprise. L’infobésité, réalité ou illusion ? », *Cahiers de la documentation*, vol. 1, pp. 5-12, 2014.

7. J. Swayne, “Two Google searches produce same CO_2 as boiling a kettle”, *The Telegraph*, 11 janvier 2009. https://www.telegraph.co.uk/technology/google/4217055/Two-Google-searches-produce-same-CO2-as-boiling-a-kettle.html

8. « Addiction aux jeux de hasard et d’argent, Qui est concerné en France ? Quel est le profil du joueur type ? », *INPES*, 21 janvier 2013. http://inpes.santepubliquefrance.fr/10000/themes/addiction-jeux/profil-joueur.asp

9. G. Sescousse, X. Caldu, B. Segura, J. C. Dreher, “Common and specific neural structures processing primary and secondary rewards : a quantitative voxel-based meta-analysis”, *Neuroscience and Biobehavioral Reviews*, vol. 37, pp. 681-696, 2013.

10. J. C. Dreher, R. Ligneul, G. Sescousse, « Dans l’enfer du jeu », *Cerveau & Psycho*, n° 60, pp. 21-27, 2013.

11. W. Schultz, “Getting Formal with Dopamine and Reward”, *Neuron*, vol. 36, pp. 241-263, 10 octobre 2002.

12. J. Zorland, “Social costs of problem gambling”, *Georgia State University*, 2009.

13. S. Massin, *Étude socio-économique des jeux de hasard et d’argent en France*, Rapport d’étape n° 2, Observatoire des jeux, 2013.

14. Newzoo, Marché des jeux vidéo : Chiffre d’affaires mondial 2015, 2016 et 2019. Extraits du rapport trimestriel du 23 avril

2016. https://www.afjv.com/news/6197_chiffre-d-affaires-mondial-des-jeux-video-2015-2016-2019.htm

15. M. Tenes, « Enquête : les Pokémon s'invitent au volant », *Minute-auto*, juillet 2016.

16. M. Rose, "Chasing the whale : Examining the ethics of free-to-play games", *Gamasutra*, 9 juillet 2013. https://www.gamasutra.com/view/feature/195806/chasing_the_whale_examining_the_.php

17. S. Bertholon, « Il existe une véritable addiction au smartphone », *Cerveau & Psycho*, n° 99, mai 2018.

18. M. J. Koepp, R. N. Gunn, A. D. Lawrence, V. J. Cunningham, A. Dagher, T. Jones, "Evidence for striatal dopamine release during a video-game", *Nature*, vol. 393, pp. 266-268, 1998.

19. L. T. K. Vo, D. B. Walther, A. F. Kramer, K. I. Erickson, W. R. Boot, M. W. Voss, "Predicting individuals' learning success from patterns of pre-learning MRI activity", *PLOS ONE*, vol. 6, e16093, 2011.

20. S. Kühn, A. Romanowski, C. Schilling, R. Lorenz, C. Mörsen, N. Seiferth, T. Banaschewski, A. Barbot, G. J. Barker, C. Büchel, P. J. Conrod, J. W. Dalley, H. Flor, H. Garavan,B. Ittermann, K. Mann, J.-L. Martinot, T. plaus, M. Rietschel, M. N. Smolka, A. Ströhle, B. Walaszek, G. Schumann, A. Heinz, J. Gallinat, "The neural basis of video gaming", *Translational Psychiatry*, vol. 1, page e53, 2011.

21. "ICD-11 for mortality and morbidity statistics", Organisation mondiale de la santé, 2018, fiche diagnostique consultable sur : https://bit.ly/2HYlQhz

22. « Les jeunes et les addictions », sondage IPSOS pour la Fondation de l'innovation poitique, la Fondation Gabriel Péri et Action Addictions, mai 2018.

23. D. Vidana-Perez, A. Braverman-Bronstein, A. Basto-Abreu, I. Barrientos-Guttierez, R. Hilscher, T. Barrientos-Guttierez, "Sexual content in video games : an analysis of the entertainment software rating board classification from 1994 to 2013", *Sexual Health*, 11 janvier 2018, do.10. 1071/SH17017.

24. J. Bakan, *Nos enfants ne sont pas à vendre*, Les Arènes, 2012.

25. M. Desmurget, « Médias modernes et passivité attentionnelle », *Cerveau & Psycho*, n° 47, 2011.

Deuxième partie

LE BUG HUMAIN

Le règne de l'incohérence

1. Europe 1, Matinale du 15 novembre 2017. http://www.europe1.fr/emissions/europe-1-matin5/europe-matin-14112017-3492017

2. A. P. Ahlstrom et al., "Abrupt shift in the observe runoff from the southwestern Greenland ice sheet", *Science Advances*, vol. 3, pp. 2017, e1701169.

3. A.-S. Lechevallier, « Cryptomonnaies : en Islande, dans une "ferme" de bitcoins », *Paris Match*, 31 décembre 2017.

4. "Bitcoin mining now consuming more electricity than 159 countries including ireland & most countries in Africa", *Powercompare*. https://powercompare.co.uk/bitcoin/

5. A. Kern, "Bitcoin mining consumes more electricity a year than Ireland", *The Guardian*, 27 novembre 2017.

Programmés pour vouloir toujours plus

1. W. Schultz, "Getting formal with dopamine and reward", *Neuron*, vol. 36, pp. 241-263, 10 octobre 2002.

2. K. M. J. Diederen, H. Ziauddeen, M. D. Vestergaard, T. Spencer, P. C. Fletcher, "Dopamine modulates adaptive prediction error coding in the human midbrain and striatum", *The Journal of Neuroscience*, vol. 37, pp. 1708-1720, 2017.

3. T. A. Hare, J. O'Doherty, C. F. Camerer, W. Schultz, A. Rangel, "Dissociating the role of the orbitofrontal cortex and the striatum in the computation of goal values and prediction errors", *The Journal of Neuroscience*, vol. 28, pp. 5623-5630, 2008.

4. W. Schultz, "Updating dopamine reward signals", *Current Opinion in Neurobiology*, vol. 23, pp. 229-238, 2013.

5. W. Schultz, Dayan P, Montague RR., "A neural substrate of prediction and reward", *Science*, vol. 275, pp. 1593-1599, 1997.

6. W. Schultz, "Dopamine reward prediction error coding", *Dialogues in Clinical Neuroscience*, vol. 18, pp. 23-32, 2016.

7. R. Dawkins, *Le Gène égoïste*, Odile Jacob, 2003.

8. H. Morton, B. B. Gorzalka, "Role of partner novelty in sexual functioning : A review", *Journal of Marital Therapy*, vol. 41, pp. 593-609, 2015.

9. D. F. Fiorino, A. Coury, A. G. Phillips, “Dynamic changes in nucleus accumbens dopamine efflux during the Coolidge effect in male rats”, *Journal of Neuroscience*, vol. 17, pp. 4849-4855, 1997.

10. P. Banca, L. S. Morris, S. Mitchell, N. A. Harrison, M. N. Potenza, V. Voon, “Novelty, conditioning and attentional bias to sexual rewards”, *Journal of Psychiatric Research*, vol. 72, pp. 91-101, 2016.

11. « La Russie lance son projet gazier Yamal en Sibérie », *La Tribune de Genève*, 8 décembre 2017. https://www.tdg.ch/monde/russie-lance-projet-gazier-yamal-siberie/story/10692368

12. C. Funk, B. Kennedy, “Public views on climate change and climate scientists”, Pew Research Center, Internet & Technology, 4 octobre 2016.

13. C. Chevallier, N. Baumard, « *Make our planet great again* : oui, mais comment ? », *Cerveau & Psycho*, n° 91, 2017.

Nous sommes prisonniers du présent

1. Organisation mondiale de la santé, « Tabagisme », Fact Sheet, mai 2017. http://www.who.int/fr/news-room/fact-sheets/detail/tobacco

2. W. Mischel, “Father-absence and delay of gratification : crosscultural comparisons”, *Journal of Abnormal and Social Psychology*, vol. 63, pp. 116-24, 1958a.

3. W. Mischel, “Preference for delayed reinforcement : an experimental study of a cultural observation”, *Journal of Abnormal Psychology*, vol. 56, pp. 57-61, 1958b.

4. J. Stevens et D. Stephens, “The adaptive nature of impulsivity”, in *Impulsivity : The Behavioral and Neurological Science of Discounting*, sous la direction de Gregory J. Madden and Warren K. Bickel (Washington DC : American Psychological Association, 2010), pp. 361-388, 2010.

5. R. F. Baumeister, J. Tierney, *Le Pouvoir de la volonté. La nouvelle science du self-control*, Markus Haller éditions, 2014.

R. F. Baumeister, K. D. Vohs, D. M. Tice, “The strength model of self-control”, *Current Directions in Psychological Science*, vol. 16, pp. 351-355, 2007.

R. F. Baumeister, « La volonté à l’épreuve », *Cerveau & Psycho*, n° 73, pp. 42-48, 2016.

6. R. D. Fields, “A new mechanism of nervous system plasticity : activity-dependent myelination”, *Nature Reviews Neuroscience*, vol. 16, pp. 756-767, 2015.

7. H. Wake, F. C. Ortiz, D. H. Woo, P. R. Lee, M. C. Angulo, R. D. Fields, “Nonsynaptic junctions on myelinating glia promote preferential myelination of electrically active axons”, *Nature Communications*, 4 ;6 :7844, 2015.

8. H. Wake, PR Lee, RD Fields, “Control of local protein synthesis and initial events in myelination by action potentials”, *Science*, vol. 333, pp. 1647-1651, 2011.

9. J. S. Peper, R. C. W. Mandl, B. R. Braams, E. de Water, A. C. Hijboer, P. Cédric, M. P. Koolschijn, E. A. Crone, “Delay Discounting and Frontostriatal Fiber Tracts : A combined DTI and MTR study on impulsive choices in healthy young adults”, *Cerebral Cortex*, vol. 23, pp. 1695-1702, 2013.

10. J.B. Schweitzer, B. Sulzer-Azaroff, “Self-control : teaching tolerance for delay in impulsive children”, *Journal of Experimental Behaviour*, vol. 50, pp. 173-86, 1988.

11. T. Klingberg, “Training and plasticity of working memory”, *Trends in Cognitive Sciences*, vol. 14, pp. 317-324, 2010.

12. L. Stanney, “Because we can : a study of millennial impatience and the rise of next day delivery”, A dissertation submitted in partial fulfilment of the requirements for the degree BA(Hons) New Media, School of Media and Communication, University of Leeds, 2017.

13. “Britons ‘lose patience after waiting five minutes to be served at a bar’”, *The Telegraph*, janvier 2015.

14. B. M. Appelhans, M. E. Waring, E. B. Lynch, “Delay discounting and intake of ready-to-eat and away-from-home foods in overweight and obese women”, *Appetite*, vol. 59, pp. 576-584, 2012.

15. S. H. Robertson, E. B. Rasmussen, “Effects of a cafeteria diet on delay discounting in adolescent and adult rats : alterations on dopaminergic sensitivity”, *Journal of Psychopharmacology*, vol. 31, pp. 1419-1429, 2017.

16. P. M. Johnson, P. J. Kenny, “Dopamine D2 receptors in addiction-like reward dysfunction and compulsive eating in obese rats”, *Nature Neuroscience*, vol. 13, pp. 635-641, 2010.

17. Attention spans, Consumer insights, Microsoft Canada, 2015. https://www.scribd.com/document/265348695/Microsoft-Attention-Spans-Research-Report

Troisième partie

LES VOIES DE LA SOBRIÉTÉ

Pouvons-nous reprendre le contrôle de notre destin ?

1. R. F. Baumeister, « La volonté à l'épreuve », *Cerveau & Psycho*, n° 73, pp. 42-48, 2016.

2. M. Desmurget, *L'Anti-régime*, Belin, 2015.

3. A. Soutschek, C. J. Burke, A. R. Beharelle, R. Schreiber, S. C. Weber, I. I. Karipidis, J. ten Velden, B. Weber, H . Haker, T. Kalenscher, P. N. Tobler, "The dopaminergic reward system underpins gender differences in social preferences", *Nature Human Behavior*, vol. 1, pp. 819-8279, 2017.

4. F. Lenoir, E. Saint-Martin, *Mère Teresa. Biographie*, France Loisirs, juin 1994.

5. P. I. Pavlov, "Conditioned reflexes : An investigation of the physiological activity of the cerebral cortex", *Annals of Néuroscience*, vol. 17(3), pp. 136-141, 2010 (1927).

6. P. Chance, "Thorndike's puzzle boxes and the origins of the experimental analysis of behavior", *Journal of the Experimental Analysis of Behavior*, vol. 72, pp. 433-440, 1999.

7. T. Dixon, "China green license plate scheme goes national", Evobsession, 30 novembre 2017. https://evobsession.com/chinas-green-licence-plates-scheme-goes-national/

8. W. Quattrochiocchi, « Fake News, l'histoire secrète de leur succès », *Dossiers pour la science*, février-mars 2018, pp. 84-91.

9. D. C. Wilson, L. Rodic, P. Modak, R. Soos, A. Carpintero, C. Velis, M. Iyer, O. Simonett, "Global waste management outlook, summary for decision makers", *United Nations Environment Program*, septembre 2015.

10. "Smartphone porn use set to rise dramatically by 2020", *The Telegraph*, 2 juillet 2015. https://www.telegraph.co.uk/men/the-filter/11712836/Smartphone-porn-use-set-to-rise-dramatically-by-2020.html

11. A. Djoghlaf, “Message on the occasion of the International Day for Biological Diversity”, *United Nations Environment Programme*, 22 mai 2017.

12. S. Solomon, J. Greenberg, T. Pyszczynski, “A Terror Management Theory of Social Behavior : The Psychological Functions of Self-Esteem and Cultural Worldviews”, *Advances in Experimental Social Psychology*, vol. 24, pp. 93-159, 1991.

13. « Le monde se referme : la carte des murs aux frontières », France Culture Géopolitique, 30 mai 2016. https://www.franceculture.fr/geopolitique/le-monde-se-referme-la-carte-des-murs-aux-frontieres

14. T. D. Wilson, D. A. Reinhard, E. C. Westgate, D. T. Gilbert, N. Ellerbeck, C. Hahn, C. L. Brown, A. Shaked, “Just think : The challenges of the disengaged mind”, *Science*, vol. 345, pp. 75-77, 2014.

15. T. Pyszczynski, J. Greenberg, S. Solomon, J. Arndt, J. Schimel, “Why do people need self-esteem ? A theoretical and empirical review”, *Psychological Bulletin*, vol. 130, pp. 435-68, 2004.

16. A. Noser, V. Zeigler-Hill, “Self-Esteem Instability and the Desire for Fame”, *Self and identity*, vol. 13, pp. 701-713, 2014.

17. L. Poitras, *Citizenfour*, documentaire 114 min, 2014.

18. L. Vinogradoff, « “Despacito”, anatomie d’un succès », *Le Monde*, 26 juillet 2017.

19. D. Courbet, M. P. Fourquet-Courbet, R. Kazan, J. Intartaglia, “The long-term effects of e-advertising : The influence of Internet pop-ups viewed at a low level of attention in implicit memory”, *Journal of Computer-Mediated Communication*, vol. 19, pp. 274-293, 2014.

Faire plus avec moins : la puissance de la conscience

1. C. André, « Il faut retrouver le sens de la satiété », *Cerveau & Psycho*, n° 79, juillet 2016.

2. P. Y. Hong, D. A. Lishner, K. H. Han, “Mindfulness and eating : An experiment examining the effect of mindful raisin eating on the enjoyment of sampled food”, *Mindfulness*, vol. 5, pp. 80-87, 2014.

3. E. M. Blass, D. R. Anderson, H. L. Kirkorian, T. A. Pempek, I. Price, M. F. Koleini, “On the road to obesity : Television

viewing increases intake of high-density foods", *Physiology & Behavior*, vol. 88, pp. 597-604, 2006.

4. A. Mekhmoukh, D. Chapelot, F. Bellisle, "Influence of environmental factors on meal intake in overweight and normal-weight male adolescents. A laboratory study", *Appetite*, vol. 59, pp. 90-95, 2012.

5. J. Ogden, N. Coop, C. Cousins, R. Crump, L. Field, S. Hughes, N. Woodger, "Distraction, the desire to eat and food intake. Towards an expanded model of mindless eating", *Appetite*, vol. 62, pp. 119-126, 2013.

6. A. Ruffault, S. Czernichow, M. Hagger, M. Ferrand, N. Erichot, C. Carette, E. Boujut, C. Flahault, "The effects of mindfulness training on weight-loss and health-related behaviours in adults with overweight and obesity : A systematic review and meta-analysis", *Obesity Research and Clinical Practice*, vol. 11, pp. 90-111, 2016.

7. J. M. Rogers, M. Ferrari, K. Mosely, C. P. Lang, L. Brennan, "Mindfulness-based interventions for adults who are overweight or obese : a meta-analysis of physical and psychological health outcomes", *Obesity Reviews*, vol. 18, pp. 51-67, 2016.

8. J. Kristeller, R. Q. Wolever, V. Sheets, "Mindfulness-based eating awareness training (MB-EAT) for binge eating : A randomized clinical trial", *Mindfulness*, vol. 5, pp. 282-297, 2014.

9. K. Carrière, B. Khoury, M. M. Günak,B. Knäuper, "Mindfulness-based interventions for weight loss : a systematic review and meta-analysis", *Obesity Reviews*, 19, p. 164-177, 2018.

10. E. Stice et al., "Relation between obesity and blunted striatal response to food is moderated by TaqIA A1 allele", *Science*, vol. 322, pp. 449-452, 2008.

11. P. M. Johnson, P. J. Kenny, "Dopamine D2 receptors in addiction-like reward dysfunction and compulsive eating in obese rats", *Nature Neuroscience*, vol. 13, pp. 635-641, 2010.

12. W. Li, M. O. Howard, E. R. Garland, P. PcGovern, M. Lazar, "Mindfulness treatment for substance misuse : A systematic review and meta-analysis", *Journal of Substance Abuse Treatment*, vol. 75, pp. 62-96, 2017.

13. K. L. Hendrickson, E. B. Rasmussen, "Effects of mindful eating training on delay and probability discounting for food and

money in obese and healthy-weight individuals", *Behaviour Research and Therapy*, vol. 51, pp. 399-409, 2013.

14. S. H. Robertson, E. B. Rasmussen, "Effects of a cafeteria diet on delay discounting in adolescent and adult rats : Alterations on dopaminergic sensitivity", *Journal of Psychopharmacology*, vol. 31, pp. 1419-1429, 2017.

15. M. Csikszentmihalyi, *Flow : The Psychology of Optimal Experience*, Harper Perennial Modern Classics, 2008.

16. M. Roser, "The short history of global living conditions and why it matters that we know it", https://ourworldindata.org/a-history-of-global-living-conditions-in-5-charts, 2017.

17. Z. Liu, Y. Cai, Y. Wang, Y. Nie, C. Zhang, Y. Xu, X Zhang, Y. Lu, Z. Wang, M/ Poo, Q. Sun, "Cloning of Macaque Monkeys by Somatic Cell Nuclear Transfer", *Cell*, vol. 172, pp. 881-887, 2018.

18. D. Cyranoski, "First monkeys cloned with technique that made Dolly the sheep", *Nature*, vol. 553, pp. 387-388, 2018.

19. E. A. Partridge, M. G. Davey, M. A. Horlick, P. E. McGovern, A. Y. Mejaddam, J. D. Vrecenak, C. Mesas-Burgos, A. Olive, R. C. Caskey, T. R. Weiland, J. Han, A. J. Schupper, J. T. Connelly, K. C. Dysart, J. Rychik, H. L. Hedrick, W. H. Peranteau, A. W. Flake, "An extra-uterine system to physiologically support the extreme premature lamb", *Nature Communications*, vol. 8, pp. 15112, 2017.

20. S. Dehaene, H. Lau, S. Kouider, "What is consciousness, and could machines have it ?", *Science*, vol. 358, pp. 486-492, 2017.

21. C. Jost, « Les deepfakes, ces fake news video dopés à l'intelligence artificielle qui menacent votre e-reputation », *Archimag*, 20 février 2018. http://www.archimag.com/vie-numerique/2018/02/20/deepfakes-fakenews-video-intelligence-artificielle-menace-e-reputation

22. A. R. Aron, D. Shohamy, J. Clark, C. Myers, M. A. Gluck, R. A. Poldrack, "Human midbrain sensitivity to cognitive feedback and uncertainty during classification learning", *Journal of Neurophysiology*, vol. 92, pp. 1144-1152, 2004.

23. R. Daniel, S. Pollmann, "Comparing the neural basis of monetary reward and cognitive feedback during information-integration category learning", *The Journal of Neuroscience*, vol. 30, pp. 47-55, 2010.

24. M. J. Gruber, B. D. Gelman, C. Ranganath, “States of curiosity modulate hippocampus-dependent learning via the dopaminergic circuit”, *Neuron*, vol. 84, pp. 486-496, 2014.

Table des matières